Les

DOUZE ÉTAPES

et les

DOUZE TRADITIONS

des

Outremangeurs

Anonymes

Les

DOUZE ÉTAPES

et les

DOUZE TRADITIONS

des

Outremangeurs

Anonymes

Titre original
The Twelve Steps and Twelve Traditions of
Overeaters Anonymous #990
Traduit, publié et distribué
INTERGROUPE OA FRANÇAIS DE MONTRÉAL
(Québec) Canada
1-877-509-1939
www.outremangeurs.org

World Service Office   Mail adress:
6075 Zenith Court NE   P.O. Box 44020
Rio Rancho, New Mexico   Rio Rancho, NM
87144-6424 USA   87174-4020 USA
1-505-891-2664

Dépôt legal 2ᵉ trimestre 2005
Bibliothèque Nationale du Canada
Bibliothèque Nationale du Québec

ISBN-978-2-9802670-5-5

Quatrième impression 2017
L-03   Imprimé au Canada

OUTREMANGEURS ANONYMES est une Association d'hommes et de femmes qui partagent leur expérience personnelle, leur force et leur espoir dans le but de se rétablir de la compulsion alimentaire (besoin pressant et irrésistible de manger de façon déraisonnable).

Nous accueillons tous ceux et celles qui veulent arrêter de manger compulsivement. Il n'y a ni droits ni frais à acquitter. Nous subvenons à nos besoins par nos propres contributions sans demander ni accepter de dons de l'extérieur. OA n'est affilié à aucun organisme public ou privé et n'est relié à aucun mouvement politique, à aucune doctrine religieuse ou idéologie.

OA n'endosse ni ne conteste aucune cause qui lui est étrangère.

Nos buts primordiaux sont de nous abstenir d'outremanger compulsivement et de transmettre notre message à ceux qui souffrent encore.

TABLE DES MATIÈRES

EN GUISE D'INTRODUCTION AUX DOUZE ÉTAPES, vii

Première Étape, 1	Septième Étape, 71
Deuxième Étape, 9	Huitième Étape, 81
Troisième Étape, 21	Neuvième Étape, 89
Quatrième Étape, 33	Dixième Étape, 97
Cinquième Étape. 53	Onzième Étape, 107
Sixième Étape. 63	Douzième Étape, 117

EN GUISE D'INTRODUCTION AUX DOUZE TRADITIONS, 127

Première Tradition, 129	Septième Tradition, 187
Deuxième Tradition, 141	Huitième Tradition, 199
Troisième Tradition, 151	Neuvième Tradition, 209
Quatrième Tradition, 159	Dixième Tradition, 219
Cinquième Tradition, 169	Onzième Tradition, 229
Sixième Tradition, 177	Douzième Tradition, 237

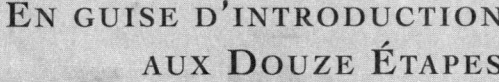

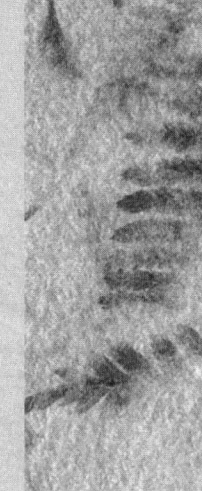

En guise d'introduction aux Douze Étapes

Chez les OUTREMANGEURS ANONYMES, nous avons trouvé une Association qui nous aide à nous sortir de notre maladie, la compulsion alimentaire. Pendant des années, nous avons eu honte de ne jamais pouvoir décider ni de notre poids ni de notre façon de manger. Mais nous avons désormais une solution. C'est une méthode simple constituée de Douze Étapes. En suivant ces Étapes, des milliers d'outremangeurs compulsifs ont arrêté d'outremanger compulsivement.

Chez les OA, nous n'avons ni régimes, ni programmes d'exercices, ni pesées, ni pilules miraculeuses. Non, mais ce que nous offrons est beaucoup mieux : dans nos groupes, le miracle s'opère grâce au partage et à l'amour. Nous sommes doublement liés les uns aux autres : nous avons d'abord en commun notre maladie, la compulsion alimentaire, et, ensuite, la solution que chacun de nous trouve en vivant conformément aux Douze Étapes. Comme ces Étapes sont au cœur de notre méthode, nous aimerions vous les présenter et ainsi voir avec vous comment nous les appliquons et comment elles nous aident à sortir de la compulsion alimentaire. Nous souhaitons ainsi réconforter ceux qui souffrent encore de ce mal terrible.

Si vous croyez être un outremangeur compulsif ou une outremangeuse compulsive, donnez-vous une chance de vous en sortir en pratiquant la méthode OA. Grâce au mode de vie reposant sur nos Douze Étapes et sur nos Douze Traditions, nous connaissons aujourd'hui un bien-être physique, émotif et spirituel que nous n'hésitons pas à qualifier de prodigieux. Ce qui a marché pour nous marchera pour vous!

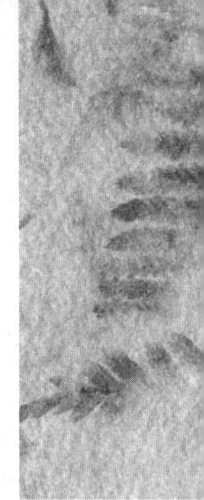

Nous avons admis que nous étions impuissants devant la nourriture – que nous avions perdu la maîtrise de notre vie.

La Première Étape du mode de vie des Outremangeurs Anonymes consiste à reconnaître notre impuissance devant la nourriture. Certains ont du mal à faire cet aveu : la plupart d'entre nous ne sont-ils pas arrivés, au moins une fois – si ce n'est à diverses reprises – à manger de façon raisonnable? Même en pleine crise, nous persistions à espérer trouver un jour prochain la force de caractère nécessaire pour venir définitivement à bout de notre problème. Mais l'expérience a été inexorablement la même pour chacun d'entre nous : avec le temps c'est de moins en moins souvent et sur des périodes de plus en plus courtes que nous avions la situation en main. Puis nous avons trouvé les OA et une nouvelle solution.

Chez les Outremangeurs Anonymes, nous avons appris que notre compulsion n'est pas imputable à notre volonté défaillante. En fait, très souvent les outremangeurs compulsifs font montre d'une exceptionnelle détermination dans d'autres domaines. Cependant, la compulsion n'a rien à voir avec la volonté personnelle. On ne choisit pas d'être outremangeur pas plus que de souffrir de n'importe quelle autre maladie. Aujourd'hui, nous comprenons que personne n'est responsable de notre compulsion : ni les autres, ni nous-mêmes.

La compulsion alimentaire est une maladie à trois volets : physique, émotif et spirituel. Il ne faut pas en chercher la cause dans les seules mauvaises habitudes alimentaires acquises dans l'enfance, dans quelque difficulté d'adaptation ou dans le simple fait de beaucoup aimer manger. Certes, ce sont des facteurs qui ont pu contribuer à sa progression, mais il est possible aussi que nombre d'entre nous soient nés avec une prédisposition physique ou émotive à manger compulsivement. Finalement, le passé et les origines de notre maladie importent peu, ce qui compte, c'est qu'aujourd'hui nous ne sommes pas comme les autres quand il s'agit de nourriture.

Il arrive à tout le monde, outremangeur compulsif ou non, de manger exagérément pour échapper à ses difficultés du moment ou pour se faire plaisir. Dans ces cas-là, cependant, les outremangeurs compuslifs réagissent étrangement. En effet, là où les personnes normales vont se sentir saturées ou vont se fatiguer de manger, nous ne pouvons plus nous arrêter : il nous en faut toujours davantage. D'ailleurs, certains outremangeurs compulsifs ont exactement la même réaction face à des substances alimentaires précises – qui ne présentent aucun problème pour d'autres – c'est-à-dire qu'après la première bouchée, il leur en faut une autre, et une autre, et une autre encore... Nous sommes nombreux à savoir de quoi il s'agit. Chose certaine, tous les outremangeurs compulsifs peuvent dire que, lorsqu'il s'agit de manger, notre corps et notre tête nous envoient des signaux fort différents de ceux que reçoivent les gens normaux. De plus, des expériences répétées nous l'ont appris : même si nous avons pu nous abstenir de manger compulsivement pendant un bon moment ou que nous sommes arrivés à faire face à nos problèmes, notre compulsion est toujours là. D'ailleurs, ceux qui après avoir connu des années de rémission ont recommencé à manger déraisonnablement, ont constaté qu'avec le temps, l'abstinence est de plus en plus difficile.

Pour être libérés des chaînes de la compulsion alimentaire, nous devons évidemment éviter de manger des produits qui nous dérangent. Nous ferons aussi attention aux raisons qui nous font manger. En fait, il s'agit de ne pas déclencher la compulsion qui nous amène à toujours vouloir manger davantage. Mais voilà, ce n'est pas possible par la seule force de notre volonté. C'est prouvé. Avant de connaître les OA, nous retombions dans nos comportements maladifs après chaque régime ou diète. Ce phénomène tient au fait que nous souffrons d'une maladie qui n'est pas seulement physique, mais qui a aussi un caractère émotif et spirituel. Nous sommes obsédés par la nourriture et, contre ce dérèglement, une perte de poids ne peut rien, pas plus qu'une grande maîtrise de soi. C'est à cause du caractère obsessionnel de la compulsion qu'un jour ou l'autre nous avons cédé à la tentation de manger outre mesure en oubliant toutes nos bonnes résolutions. Tôt ou tard, nous sommes retournés à la compulsion et graduellement – parfois soudainement – la situation a dégénéré jusqu'à ce que nous perdions de nouveau nos moyens.

Notre volonté seule ne pouvait nous débarrasser de cette obsession mentale. Il nous fallait de l'aide. Aucune puissance humaine ne pouvait quoi que ce soit pour nous. Pour ne plus manger de façon compulsive, nous devions pouvoir compter sur une force plus grande que la nôtre.

Nous avions presque tous voulu nier notre maladie. Voilà que chez les OA, nous avons été invités à regarder les choses bien en face. Nous avons affronté la réalité, c'est-à-dire la compulsion, notre obésité et l'ensemble des comportements destructeurs destinés à nous empêcher de grossir : les régimes, y compris le jeûne, l'activité physique débridée, les lavements de toutes sortes. La vérité ne résistant pas à l'examen honnête de notre vie, elle nous est clairement apparue : nous sommes malades, anormaux lorsqu'il s'agit de manger.

Dans l'ensemble, nous n'avons pas tellement aimé non plus la deuxième partie du texte de l'Étape : *[...] nous avions perdu la maîtrise de notre vie.* Nous avions l'impression d'avoir réussi dans la vie en dépit de nos problèmes de poids et de nos désordres alimentaires. Ne nous étions-nous pas bien acquittés de nos responsabilités professionnelles et domestiques ? N'avions-nous pas beaucoup d'amis ? Tout compte fait, notre mariage marchait bien. Ce n'était pas le bonheur pour autant, mais notre morosité venait sûrement de toute cette graisse, réelle ou imaginaire. Si seulement nous pouvions atteindre le poids idéal... Alors, tout serait parfait. *(...)* *perdu la maîtrise de ma vie* : c'était un peu exagéré dans notre cas. D'accord, nous avions besoin d'aide en matière de compulsion, mais, pour le reste, nous nous débrouillions bien.

Encore une fois, c'est l'honnêteté qui nous a permis de regarder notre vie en face pour faire la Première Étape. Notre vie professionnelle était-elle vraiment une réussite ou nous en tirions-nous juste assez bien? À la maison, l'atmosphère était-elle agréable ou avions-nous installé un climat de dépression et de colère? Notre mauvaise humeur constante au sujet de notre façon de manger avait-elle eu des répercussions sur nos amis ou sur notre conjoint? Étions-nous réellement en contact avec nos émotions ou n'avions-nous pas caché notre rage et notre peur derrière une fausse bonne humeur?

Il nous était arrivé d'admettre notre mal de vivre, mais nous nous imaginions pouvoir tout arranger en arrêtant de manger compulsivement. Mais, dès que nous y arrivions, nous trouvions la vie ordinaire insupportable. Et une fois atteint le poids idéal, nous ne nous sentions même pas mieux.

Beaucoup ont pensé que les choses auraient pu s'améliorer si seulement les gens autour d'eux s'étaient conduits conformément à leurs attentes. Nous croyions que tout aurait pu rentrer dans l'ordre si notre employeur avait reconnu notre valeur, si notre conjoint avait mieux répondu à nos besoins, si nos enfants s'étaient mieux conduits ou si nos parents nous avaient laissé la paix. La voiture qui ne voulait pas démarrer, l'ordinateur en panne, un compte bancaire débiteur et voilà que la vie devenait impossible. Notre problème, c'était que les autres n'arrivaient pas à mettre de l'ordre dans leur vie ou encore que nous n'avions vraiment pas de chance. Avions-nous le choix? Face à nos craintes, à notre agressivité, aux déceptions de la vie et pour échapper à nos problèmes comme à la monotonie du train-train quotidien, pouvions-nous faire autrement que de manger? Nous remettions tout à plus tard, nous nous renfermions, nous mangions.

Avant de venir chez les OA, où nous avons commencé à parler de nous en toute honnêteté, nous ne nous rendions pas compte du mal que nous nous étions fait à nous-mêmes et aux autres en essayant de tout régler par le détail. C'est seulement une fois sur la voie du rétablissement que nous avons mesuré notre infantilisme et notre égoïsme. En voulant diriger la vie des autres par la manipulation ou par la force, nous avions dérangé nos proches. Nos tentatives pour prendre les commandes de notre vie en main n'avaient réussi qu'à miner notre moral. Et même quand nous arrivions à nos fins, le bonheur nous échappait encore. Comme nous nous remettions à manger pour échapper à cette nouvelle souffrance, nous ne pouvions pas tirer de leçons de nos erreurs, nous ne pouvions pas grandir.

Certains trouvaient la Première Étape négative. Baisser les bras devant leur impuissance, c'était pour eux se programmer à retourner manger compulsivement un jour ou l'autre.

Nous allions plus tard nous rendre compte que, loin de nous nuire, reconnaître notre impuissance devant la nourriture nous donnait accès à une force extraordinaire inconnue jusque là. Pour la première fois de notre vie, nous voyions la vérité à notre sujet et nous l'acceptions. Chacun et chacune de nous est effectivement un outremangeur compulsif ou une outremangeuse compulsive, et notre maladie est incurable. Nous sommes comme les diabétiques qui dépendent de leur insuline; s'ils ne veulent pas devenir aveugles ou s'exposer à mourir, ils doivent d'abord reconnaître la nature de leur maladie, accepter celle-ci et prendre les médicaments prescrits. Tant et aussi longtemps que nous nions notre maladie et son issue fatale, nous ne voyons aucune raison d'appliquer chaque jour le traitement indiqué. Refuser la vérité en ce qui nous concerne, c'est nous tuer. Et pour ne pas nous tuer à manger, il n'y a qu'une solution : voir notre situation telle qu'elle est.

Le même principe s'applique à la conduite de notre vie. Effectivement, tant que nous croyons parfaitement savoir ce que nous avons à faire, nous nous accrochons à nos vieilles façons d'agir et de penser. Nous ne nous arrêtons même pas à nous dire que ces idées et ces attitudes sont responsables de la maladie physique et de la dépression qui nous ont amenés chez les OA. En franchissant la Première Étape, nous acceptons aussi cette autre réalité : nos anciennes habitudes ayant prouvé leur inefficacité, nous devons changer notre façon de vivre. Ainsi libérés par la vérité, nous pouvons apprendre...

Comme nous consentons désormais à nous ouvrir à de nouvelles vérités, nous pouvons renoncer à nos vieilles croyances. D'ailleurs, celles-ci ne nous ont valu que des échecs : nous n'avons qu'à penser à notre poids et à notre façon de manger... En jetant un regard honnête sur notre passé, nous voyons bien que nous ne pouvons pas régler notre vie par notre seule volonté personnelle. Cette réalité, nous l'admettons d'abord avec notre tête. Puis, nous la reconnaissons de tout notre cœur. Alors, nous avons fait notre Première Étape.

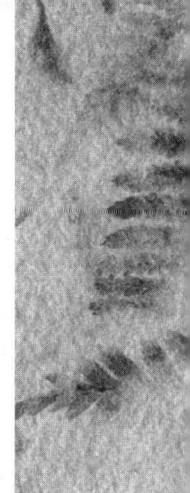

DEUXIÈME ÉTAPE

Nous en sommes venus à croire qu'une
Puissance supérieure à nous-mêmes
pouvait nous rendre la raison.

La Deuxième Étape a fait réagir plus d'un outre-mangeur compulsif. « Me rendre la raison? Se sont-ils dit, mais pourquoi? Je n'ai pas perdu la raison, moi. J'ai un problème de nourriture, nuance... » Si nous y regardons de plus près, peut-être changerons-nous d'avis. Voyons.

Un examen honnête de notre vie passée nous révèle que nous avons toujours mangé de façon aussi irrationnelle que dangereuse. Menés par notre compulsion, il nous est arrivé d'avoir face à la nourriture des attitudes inimaginables de la part d'une personne sensée. Certains ont fait en pleine nuit des kilomètres et des kilomètres pour aller chercher quelque chose qui calmerait leur faim compulsive. Nous avons mangé de la nourriture brûlée ou congelée, des choses pas très fraîches et, même, avariées. Il y a eu aussi les bouchées volées dans l'assiette des autres. Dans la rue, n'importe où, nous avons ramassé des choses sur le sol pour les avaler. Nous avons fouillé dans les poubelles.

Nous avons souvent menti à propos de ce que nous avions mangé – non seulement pour tromper les autres, mais pour nous cacher la vérité à nous-mêmes. Nous avons pris de la nourriture à nos amis, à notre

9

famille, à notre employeur, sans compter les courses « gratuites » dans les magasins d'alimentation. Pour acheter de quoi manger, nous avons aussi pris l'argent des autres. Nous nous sommes empiffrés jusqu'à nous sentir près d'éclater, jusqu'à nous rendre malades. Nous savions que nous étions en train de déformer notre corps et de causer de graves préjudices à notre santé, mais nous continuions à manger compulsivement.

Pour manger, nous nous sommes isolés, coupés de toute véritable relation avec les autres, nous nous sommes empêchés de voir du monde. Notre compulsion a fait de nous un objet de moqueries. Elle a aussi détruit notre santé.

Venait un moment où nous prenions conscience du tort que nous nous étions causé; alors, nous passions aux régimes de façon obsessionnelle. Pour maigrir, nous avons en effet dépensé des sommes effarantes, nous avons essayé toutes les marques de coupe-faim et tous les types de régimes, nous sommes devenus membres de groupes de contrôle du poids et de conditionnement physique, nous sommes allés chez l'hypnotiseur ou chez l'analyste; nous avons passé par des opérations du système digestif, certains se sont fait attacher les mâchoires. Chaque fois, nous nous félicitions de notre décision, sûrs d'avoir trouvé la solution nous assurant « le beurre et l'argent du beurre ».

Peut-être sommes-nous allés d'un médecin à l'autre à la recherche du bon remède. Chaque docteur nous proposait un nouveau régime, mais nous n'avions pas plus de succès avec celui-là qu'avec les autres. On nous a prescrit des médicaments ou donné des piqûres. Tout allait bien pendant un certain temps, mais nous finissions toujours par retourner à nos anciennes habitudes : nous recommencions à outremanger compulsivement et, finalement, nous reprenions le poids perdu à si fort prix.

Il y en a qui ont jeûné, avec ou sans surveillance médicale. La méthode fonctionnait pendant un certain temps, mais la compulsion, et le poids, revenaient aussitôt le jeûne terminé. D'autres ont mis au point des façons de ne pas garder ce qu'ils mangeaient : purgatifs de toutes sortes, laxatifs, vomitifs, exercices à outrance. Nous nous remplissions la bouche au point d'avoir mal, puis nous nous débarrassions de ce que nous y avions mis. Nous avons ainsi privé notre organisme des éléments essentiels à son bon fonctionnement et nous avons endommagé notre système digestif et nos dents.

Les obèses venus chez les OA avaient auparavant entendu des conseils de toutes sortes sur la façon de trouver la taille idéale, mais rien de tout cela ne leur a donné de résultats durables. Nous avons constaté aussi que, en dépit de nos tentatives pour comprendre notre maladie et y voir clair, la compulsion nous rattrapait invariablement, avec les mêmes conséquences : nous prenions du poids et perdions confiance en nous.

Ces luttes constantes nous épuisaient et finissaient par nous décourager. Pourtant, nous refusions d'admettre notre impuissance face à nos problèmes. Confrontés à la perspective d'être obèses et malades à vie et de ne plus jamais arriver à nous reprendre en main, nous avons conclu que la vie ne valait pas la peine d'être vécue. Beaucoup ont pensé au suicide. Certains s'y sont essayés.

La plupart d'entre nous ne se sont pas rendus là. Nous avons trouvé refuge dans l'espoir que tout irait bien tant et aussi longtemps que nous aurions suffisamment à manger. Mais il y avait un petit hic : plus la maladie progressait, plus il nous fallait manger pour nous satisfaire. Loin de nous calmer, manger compulsivement nous angoissait davantage. Plus nous mangions, plus nous nous sentions mal; mais même ce malaise ne nous empêchait pas de continuer... À l'évidence, nous n'avions plus toute notre raison : longtemps après avoir constaté combien notre maladie nous affligeait, nous continuions à chercher remède dans la nourriture.

Après avoir honnêtement regardé notre vie, nous avons reconnu sans difficulté que nous avions agi de façon tout à fait insensée en matière de poids et de nourriture. Fait à signaler : bon nombre d'entre nous arrivaient à limiter leur crise de compulsion à leurs moments de solitude et ne présentaient aucun signe de dérèglement le reste du temps. Nous faisions notre travail consciencieusement, puis nous allions manger compulsivement. Aucun doute là-dessus : dans l'ensemble, nous étions des personnes plutôt normales.

En poursuivant l'examen de nos vies, nous avons découvert un certain nombre de comportements paradoxaux. Il nous a fallu reconnaître qu'il y a quelque chose de pathologique à crier après des enfants qui, précisément, réclament notre attention ou encore à manifester des exigences d'exclusivité ou une jalousie maladive vis-à-vis de notre conjoint. Trop souvent, nous avons eu peur, nous avons vécu dans l'anxiété. Plus à l'aise avec la nourriture qu'avec les êtres humains, nous avons souvent limité nos fréquentations. Qui d'entre nous n'a pas tiré les rideaux ou décroché le téléphone pour n'entendre parler de personne?

En public, nous étions tout sourire et disions oui même quand nous avions envie de dire non. Engagés dans des relations malsaines, nous étions incapables de nous défendre, convaincus que nous méritions d'être exploités. Nous nous attachions surtout à régler les difficultés des autres en réfléchissant pendant des heures à ce qu'ils auraient dû faire alors que nos problèmes à nous restaient sans solution.

Les outremangeurs compulsifs sont souvent des êtres de tout ou rien. Par exemple, nous réagissions à des attaques insignifiantes, mais nous ne voyions pas nos véritables problèmes. Il nous arrivait aussi de nous agiter dans toutes sortes d'activités jusqu'à nous épuiser et n'avoir plus l'énergie de faire quoi que ce soit. Après des périodes d'euphorie, nous tombions dans la dépression profonde. Pour nous le monde était ou noir ou blanc. Si nous ne pouvions tout avoir, nous préférions ne rien avoir du tout; si nous ne pouvions pas occuper la tête du peloton, nous ne voulions même pas rester dans la course.

Graduellement, nous avons compris combien notre façon de voir les choses nous faisait souffrir et nous en sommes venus à penser qu'il fallait prendre les mesures pour changer cet état de fait. Nous avions en effet constaté que toute notre vie, y compris nos rapports avec la nourriture, était marquée par une conduite irrationnelle, déséquilibrée, insensée. Puisque ni la volonté ni le courage n'avaient pu nous éviter l'échec, que faire alors? De toute évidence, seule une Puissance plus grande que la nôtre pouvait nous rendre la raison.

Cette prise de conscience s'est rarement faite sans difficulté. Prenons le cas de ceux d'entre nous qui ne croyaient pas en Dieu. Si Dieu était la solution au problème, autant dire qu'ils étaient sans espoir! Il y en a même qui, rebutés par ce tout petit mot – « Dieu » – ont quitté le Mouvement après leur première réunion pour ne revenir que des années plus tard, complètement brisés par la maladie. Mais ceux qui sont restés ont fait une découverte extraordinaire. OA ne dit pas que nous devons croire en Dieu, mais seulement *qu'une Puissance supérieure à nous-mêmes peut nous rendre la raison*. Il appartient à chaque membre de définir cette force et ce qu'il en fera. OA nous propose seulement de garder l'esprit ouvert face au principe de progrès spirituel, puis de respecter les convictions des autres en nous interdisant toute critique ou toute promotion de quelque doctrine religieuse que ce soit durant les réunions.

Chez les OA, nous vivons selon un mode de vie spirituel. Il n'est pas question de religion. Nous ne prêchons pour aucune croyance religieuse, nous n'avons rien d'autre à présenter que nos expériences de rétablissement. D'ailleurs, les portes du Mouvement sont ouvertes aux athées et aux agnostiques, qui, l'expérience le prouve, se rétablissent comme les autres.

Comment des personnes qui ne croyaient pas en Dieu en sont-elles venues à croire en une Puissance supérieure?

Généralement, tout commence au moment où nous nous sentons chez nous en compagnie des outre-mangeurs compulsifs, au moment où nous avons l'impression de trouver là quelqu'un pour nous comprendre, et quelqu'un pour qui nous comptons. Nous pouvons tout dire sur notre compte avec l'assurance d'être acceptés inconditionnellement. Cette acceptation se transforme en amour et cet amour nous donne une énergie nouvelle qui reste avec nous même en dehors des réunions. De là, il n'y a qu'un pas à franchir pour assimiler l'amour des membres OA à une force plus grande que la nôtre, capable de nous rendre la raison. Dès lors, nous croyons en une Puissance supérieure : l'amour de nos amis OA.

Nous n'avons pas tardé avant de demander à quelqu'un de nous parrainer ou de nous marrainer. Nous avons généralement choisi une personne avec qui nous avions des affinités ou qui présentait les signes du rétablissement. Cette relation d'intimité a grandi et, avec elle, nous avons éprouvé davantage encore l'amour dont on parle chez les OA. Ce guide privilégié a répondu à nos questions, écouté patiemment l'exposé de nos problèmes, il a été témoin de nos joies et de nos peines et les a partagées; il nous a pilotés sur la voie du rétablissement en nous aidant à mettre en pratique les principes OA. Pour la première fois de notre vie, nous avons eu l'impression de ne pas être tout seuls face à nos difficultés. Ne fallait-il pas voir dans cette relation précieuse une force à laquelle nous pouvions faire confiance?

Mais nos amis OA sont des êtres humains. Forcément, ni notre groupe ni notre guide ne peuvent répondre à toutes nos attentes. S'ils nous ont déçus, nous nous sommes crus coupés de l'aide devenue si importante pour nous. Il nous a semblé que notre santé mentale était menacée. Nous avons alors éprouvé la nécessité de trouver une force plus fiable, plus constante.

Nous avons alors découvert **le faire comme si**. Il ne s'agit pas de jouer les dévots ni de mentir en affirmant une foi que nous n'avons pas. **Faire comme si** veut plutôt dire renoncer aux arguments académiques et théologiques en matière de croyance, mais fonder notre foi uniquement sur nos besoins et sur l'état désespéré de notre vie.

Certains ont commencé par se poser des questions : « Que pourrait bien m'apporter une Puissance Supérieure? Si j'avais une force supérieure dans ma vie, qu'est-ce que j'en attendrais? Que serait-elle pour moi? » Nous nous sommes défini une Puissance à nous, une Puissance confortable. Nous avons alors **fait comme si** cette force était effectivement présente... et nous avons constaté les bonnes choses qui nous arrivaient. Plus notre vie s'améliorait, plus grandissait notre conviction qu'une Puissance supérieure à nous-mêmes pouvait nous rendre la raison.

Quant à ceux qui étaient croyants à leur arrivée dans le Mouvement, ils se sont dit : « La Deuxième Étape, c'est déjà fait pour moi. Je crois en Dieu. » Et pourtant, à leur grande surprise, cette Étape leur a causé plus de difficulté qu'aux athées et aux agnostiques. Nous croyions bien en l'existence de Dieu, mais nous n'avions pas la conviction que Dieu pouvait et voulait faire quelque chose contre notre maladie. C'est que l'aspect spirituel de la maladie échappe totalement à certaines personnes, d'autres estiment que Dieu ayant d'autres choses à faire, Il compte bien que nous nous occuperons nous-mêmes de cette banale question de compulsion. Au début, nous ne comprenions pas que Dieu nous aime avec tout ce que nous sommes, y compris nos problèmes de nourriture. De plus, Dieu veut et peut nous inspirer même dans les décisions les plus petites, y compris lorsqu'il s'agit de décider quoi manger et en quelle quantité.

Nous avons parfois demandé l'aide de Dieu pour arriver à maîtriser notre poids, mais nos prières sont restées sans réponse. Nous avons finalement vu pourquoi. En fait, nous implorions Dieu de nous débarrasser de nos kilos superflus, mais nous avions l'intention de manger n'importe quoi, n'importe quand. Pour la plupart, nous n'avions pas encore appris à voir Dieu dans les autres êtres humains ni compris que c'était à ces derniers qu'il fallait nous adresser. Car, chez les OA, c'est dans l'amour des outre-mangeurs compulsifs réunis que se manifestent Dieu et Son pouvoir de guérison divine. Si nos prières sont restées autrefois sans écho, c'est peut-être simplement que nous n'étions pas destinés à trouver tout seuls le remède à notre maladie. Pour nous rétablir, nous devions aller vers les autres et apprendre à les aimer réellement.

De toutes façons, après des années de promesses et de prières, nous mangions toujours compulsivement et nous avions bien l'impression que Dieu ne pouvait pas nous rendre la raison dans ce domaine. Intellectuelle-ment, nous croyions en la toute-puissance de Dieu, mais au fond de notre cœur, nous nous disions qu'en matière de nourriture, Il n'était d'aucun secours. Pour nous rétablir, il nous fallait précisément changer notre conception de Dieu. Comment faire? D'abord, **désirer** nous donner un tout nouveau Dieu. Pourquoi ne pas essayer? Au fond, nous n'avions rien à perdre. Comme l'avaient fait les athées et les agnostiques, peut-être pouvions-nous commencer par nous demander ce que vraiment nous voulions de Dieu et comment nous envisagions Sa présence dans notre vie. Ensuite, nous avons fait comme si Dieu répondait parfaitement à nos attentes et à nos besoins, comme s'Il était exactement la Puissance supérieure qu'il nous fallait. Nous nous sommes fait un Dieu que rien n'empêcherait de nous délivrer de la compulsion alimentaire. Notre vieille conception de Dieu devait faire place à une foi efficace.

Bien sûr, cette nouvelle approche nous effrayait et nous plaçait devant notre impuissance, mais du moment où nous avons accepté de changer, des choses étonnantes ont commencé à se produire.

Agnostiques, athées ou croyants, nous en sommes venus à croire en mettant en pratique ce que d'autres outremangeurs compulsifs nous recommandaient, et qui avait réussi dans leurs cas. Peut-être n'aurions-nous pas pu jurer que les mêmes démarches auraient les mêmes effets pour nous, mais quelle importance? Nous avons fait ce qu'il fallait et nous avons constaté les résultats positifs : voilà comment la foi nous est venue. Nous avons alors essayé d'autres suggestions, et d'autres encore : nous avons vu des transformations se produire.

Accepter de croire, et agir en conséquence, voilà la clé de la Deuxième Étape. Nous étions désormais sur la voie du rétablissement qui nous délivrerait de notre compulsion et apporterait une certaine stabilité dans notre vie déséquilibrée. Plus nous nous laissions inspirer par l'amour en action dans le Mouvement, plus nous posions de gestes concrets, plus nous avions confiance en nous et confiance aux autres et plus nous étions convaincus du pouvoir de cet amour. Nous avions entrepris d'établir une relation originale avec une Puissance qui nous dépassait. Il ne nous restait plus qu'à aller de l'avant pour vivre.

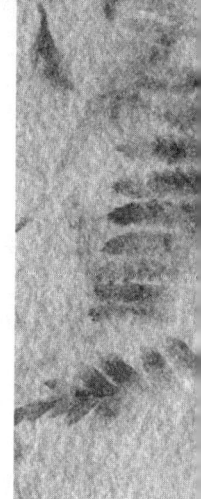

TROISIÈME ÉTAPE

Nous avons décidé de confier notre
volonté et notre vie aux soins de Dieu tel
que nous Le concevions.

Quelqu'un a déjà dit que les trois premières Étapes de notre mode de vie se résumaient dans la formule suivante : il faut rendre à Dieu les problèmes qui appartiennent à Dieu. Avec la Première Étape nous avons acquis la conviction que notre volonté ne pouvait rien contre nos problèmes de compulsion alimentaire ni contre notre mal de vivre. Ensuite, par la pratique de la Deuxième Étape, nous en sommes venus à croire qu'une fois acceptée cette dure réalité, la foi pouvait nous aider : il existait une force plus grande que la nôtre capable de nous délivrer de notre obsession et de nous rendre la raison dans tous les domaines de notre vie.

Pour s'engager dans la Troisième Étape, il faut avoir fait les deux premières. Alors, la Troisième est bien simple. Si nous voulons vraiment nous débarrasser de notre compulsion, nous devons consentir sans réserve à recourir à quelqu'un ou à quelque chose de plus grand que nous. Avec la Troisième Étape, nous disons oui à cette source de force : désormais, nous compterons sur cette puissance spirituelle dans toutes nos décisions.

Nous affirmons que cette Étape est simple, nous ne disons pas qu'elle est facile. En fait, c'est le contraire, car, pour la plupart d'entre nous, s'y engager, c'est obligatoirement adopter une façon de penser et d'agir tout à fait étrangère à nos habitudes. À partir du moment où nous consentons à travailler la Troisième Étape, nous oublions nos opinions antérieures sur ce qui est bien et bon pour nous. Chaque fois qu'il s'agit de faire un choix, nous nous tournons résolument vers notre Puissance supérieure pour obtenir Ses lumières, et nous nous conformons à l'inspiration qui vient.

En entrant dans ce nouveau mode de vie, nous acceptons de changer nos idées sur le poids et sur la minceur et nous acceptons d'oublier toutes nos opinions sur ce qu'il convient de manger ou de ne pas manger. Cette façon de vivre, ce sont les Étapes, et les Étapes constituent justement la différence fondamentale entre le programme OA et toutes nos anciennes méthodes. Partout ailleurs, on nous donnait un régime que nous avions la responsabilité de suivre. Chez les OA, il n'y a pas de régimes. Notre objectif principal n'est plus de maigrir; nous nous rendons compte que même une silhouette parfaite – en admettant que cela existe – ne saurait nous garantir le bonheur. Notre but premier est d'arrêter de manger compulsivement; nous savons que sans aide, nous n'y réussirons pas.

Presque tous les membres OA ont connu une période sans obsession ni compulsion. Ces heureux moments de libération ont généralement coïncidé avec notre Troisième Étape, avec la remise de notre problème entre les mains de notre Puissance supérieure. Tout à coup nous ne pensions presque plus à manger. Par exemple, nous mangions modérément aux repas et nous sortions de table dès que nous en avions assez. Une espèce de miracle semblait nous avoir donné des comportements normaux face à notre assiette.

Malheureusement, cela n'a pas duré. Petit à petit, la nourriture a recommencé à nous obséder. Puis, un jour, l'idée nous a effleurés de prendre une bouchée dont nous n'avions pas besoin. De nouveau, nous avons eu du mal à ne pas céder à notre compulsion. Peut-être n'avions nous pas vraiment compris la Troisième Étape...

C'est possible, mais la plupart du temps, c'était simplement l'indice de la fin de notre lune de miel OA. Ce qu'il nous a fallu à ce moment-là, c'est décider d'une façon de préserver notre abstinence le plus longtemps possible et de mener une vie équilibrée, sans excès, quelles que soient les circonstances.

Souvent, nos difficultés venaient de notre ignorance : nous ne savions pas que certains aliments nous allaient tout à fait bien alors que d'autres étaient dangereux pour nous. Beaucoup de membres OA peuvent aujourd'hui identifier des façons de manger qui sont pour eux des déclencheurs de compulsion. Cette découverte a toujours fait naître l'espoir chez les outremangeurs compulsifs, car, du coup, nous comprenions qu'il suffit de nous tenir à l'écart de ces déclencheurs pour ne pas avoir à lutter sans répit contre la maladie.

Dans le programme OA, on ne trouve ni prescription

sur les aliments permis ni indication sur les quantités à consommer. L'abstinence ne se résume pas non plus en une liste universelle de choses à faire ou à ne pas faire. Dans le Mouvement, chacun est vu comme une personne unique avec ses besoins particuliers; d'ailleurs, il peut très bien arriver qu'un certain type de nourriture ait le meilleur effet sur la santé de quelqu'un et des conséquences catastrophiques pour un autre.

L'absence de règles alimentaires déroute certains nouveaux venus. Ils se demandent bien comment ils pourront s'empêcher de manger compulsivement si les OA ne leur donnent pas de balises. La réponse à cette interrogation se trouve dans la Troisième Étape, celle de l'abandon de notre volonté à Dieu. L'expérience nous a prouvé qu'il nous vient des inspirations de toutes sortes dès que nous renonçons à toute volonté personnelle quand il s'agit de manger et dès que nous nous en remettons complètement à Dieu pour la conduite de notre vie.

Nous connaissons des personnes qui après des années de lutte ont bien voulu examiner leur ancienne façon de manger avec une parfaite honnêteté; elles ont alors clairement identifié les aliments et les comportements les plus néfastes pour elles. D'autres, en raison de problèmes physiques particuliers, se sont vu interdire certains aliments par des professionnels de la santé. Pour un bon nombre, nous savions ce que bien manger veut dire, mais nous étions incapables d'appliquer ces principes évidents dans notre vie : la compulsion nous en empêchait. Mais aujourd'hui, grâce aux

Étapes, nous pouvons faire des choix. Notre instinct nous dicte les situations et les choses à éviter de même qu'il nous fait voir ce qui est bon pour nous.

Parfois, nous ne voyions plus très clair dans toute cette question d'abstinence, tout était confus dans notre tête. Alors, nous en avons parlé, et avec profit, à notre parrain ou à notre marraine. Si chacun doit déterminer pour lui-même et par lui-même ce qui lui convient, d'autre part, les conseils des autres peuvent aussi être utiles.

Nos connaissances en nutrition, notre expérience passée et l'appui des autres voient leur effet décuplé sous l'action d'une sagesse intérieure, véritable force qui s'affirme de plus en plus au fil de notre rétablissement et qui grandit si, par la prière et la méditation, nous maintenons le contact avec notre Puissance supérieure. Nous voulons parler de notre intuition, que nous avons remise entre les mains de Dieu au moment de notre Troisième Étape, en même temps que notre volonté et la conduite de notre vie. On dit de l'intuition que c'est la façon dont Dieu parle directement à notre cœur et à notre raison; cependant, tant que nous mangeons compulsivement, et tant que nous n'en faisons qu'à notre idée, la communication avec Dieu est coupée. Plus nous progressons dans la pratique des Étapes, plus l'intuition peut s'exercer normalement : ayant fait échec à notre volonté propre, nous pouvons nous mettre à l'écoute de celle de Dieu pour tout ce qui concerne notre façon de manger en particulier et pour notre vie en général.

Nous ne devons jamais oublier que même si nous nous connaissons bien et que nous savons exactement ce que nous devons manger, cela ne nous est d'aucun secours sans l'aide des OA, car, sans le Mouvement, nous n'arrivons pas à nous servir efficacement de nos acquis. Combien ont cherché pendant des années la façon de manger idéale et le moyen de s'y tenir? Mais, seule une force qui nous dépasse et agit quotidiennement dans notre vie peut nous garantir l'abstinence continue. Cette force supérieure est à notre disposition tant et aussi longtemps que nous travaillons les Douze Étapes et continuons à faire confiance à l'inspiration divine en toute circonstance. Petit à petit, nous comprenons comment nous devrions manger et nous en venons à nous tourner vers Dieu pour obtenir la volonté et la capacité de suivre Ses directives en ce domaine, jour après jour. Cela nous est donné, assurément.

En pratiquant l'abstinence, nous avons vu que nous pouvions compter sur Dieu pour S'occuper de nos envies irrésistibles de manger des choses qui ne nous conviennent pas. D'ailleurs, nous n'avons pour ainsi dire plus jamais le goût de mal manger et seul nous attire ce qui est bon pour nous. Miraculeusement, la raison nous est revenue et, comme des milliers d'autres outremangeurs compulsifs, nous le vérifions chaque jour. Nous sommes rarement obsédés par l'idée d'aller manger. Aussi, est-ce sans problème que nous nous satisfaisons de repas modérés et équilibrés, un jour à la fois, jour après jour, un mois à la fois, une année à la fois.

Serons-nous un jour complètement délivrés? Oui et non. Les anciens membres vous diront que l'obsession revient de temps à autre malgré qu'ils se sentent miraculeusement libérés la plupart du temps. Comment traverser ces moments difficiles? D'abord, ne pas laisser prise à la panique. Ensuite, revenir à nos principes alimentaires de base et demander à notre Puissance supérieure de nous aider à les respecter. Nous avons ensuite intérêt à essayer de ne plus penser à la nourriture pour nous concentrer sur le Mouvement et sur les Étapes. Si nous travaillons les Étapes et que nous nous servons des outils à notre disposition – plan alimentaire, publications et réunions OA, anonymat, appels téléphoniques, marraine ou parrain, écriture et service – nous allons trouver toute l'aide dont nous avons besoin. Nos amis OA vont sans doute nous rappeler que ce retour de l'obsession est passager. Et ils auront raison puisque ces pensées envahissantes s'évanouiront de nouveau. Nous pouvons renouer avec cette abstinence jour après jour tant et aussi longtemps que nous faisons confiance à notre Puissance supérieure et que nous renouvelons notre Troisième Étape.

Avant de bien saisir de quoi il retournait, nous nous demandions comment on pouvait confier sa vie et sa volonté à une force plus grande que soi. Pour mieux comprendre, nous nous disons que désormais toutes les décisions de notre vie vont être de même nature que nos choix en matière de nourriture. Le temps est révolu où nous ne faisions que ce que nous voulions ou seulement ce que nous pouvions faire impunément.

Dorénavant, nous allons honnêtement chercher à connaître la volonté de Dieu à notre égard et essayer de nous y conformer. Nous ne connaîtrons plus la peur ni l'indécision, car nous savons que si nous sommes sincères, Dieu nous éclairera et nous donnera la volonté et la force d'agir jusqu'au bout, en dépit des difficultés.

Tout en nous mettant à l'écoute de la volonté de Dieu, nous mettrons aussi à profit notre expérience, nos connaissances, notre intuition, notre bon sens ou encore la sagesse de guides spirituels avisés. Par exemple, nous conclurons peut-être que ce qui a toujours bien marché pour nous-mêmes ou pour un autre dans des circonstances données peut très bien produire les mêmes bons résultats dans notre situation d'aujourd'hui; il en sortira sans doute du bon pour nous et pour les autres, et c'est bien là la volonté de Dieu.

Avec le temps, nous pourrions constater que dans les moments où nous nous sentons plus ou moins d'aplomb, rien ne nous fait autant de bien qu'une réunion OA. Nous y verrons un signe : Dieu nous demande de ne pas cesser d'aller aux réunions, même si nous ne sommes pas toujours d'humeur à nous y rendre.

Un autre exemple : si nous nous rendons compte que dans un groupe on est en train de médire de quelqu'un que nous n'aimons pas, nous pourrions être tentés d'ajouter notre grain de sel. Cependant, si nous savons d'expérience que le commérage ne nous apporte rien de bon, nous comprendrons que Dieu ne veut pas que nous ajoutions à ces propos malveillants. Dans notre cas, pas de buisson ardent ni de voix venant de l'au-delà : Dieu se manifeste autrement pour nous faire connaître Sa volonté dans nos décisions quotidiennes.

De l'honnêteté, du bon sens et le désir sincère de rester sur la voie spirituelle, c'est tout ce qu'il nous faut pour comprendre la volonté de Dieu à notre égard.

Dans l'indécision, nous retournons au passage suivant du *Gros Livre* des AA (4ième édition page 98)) :

Dans ce cas, nous demandons à Dieu de nous donner l'inspiration, l'intuition qui nous fera prendre la bonne décision. Nous restons calmes [...]. Nous ne nous débattons pas. [...] nous sommes souvent étonnés de voir comme les bonnes réponses nous viennent. Ce qui auparavant n'était qu'un pressentiment ou une inspiration occasionnelle devient graduellement un mécanisme de notre esprit.

Face à une nouvelle situation, nous ne devons naturellement pas essayer de nous faire croire que toute inspiration nous viendra de Dieu. Nous irons consulter notre parrain, notre marraine ou tout autre guide spirituel que nous aurons choisi. Nous ne leur demandons pas de trancher à notre place. D'ailleurs, personne ne peut agir pour un autre, mais, parce que les autres ne sont pas concernés par nos difficultés et aussi en raison de leur expérience du mode de vie, ils peuvent nous conseiller judicieusement sur la façon de nous mettre au diapason de la volonté de Dieu.

C'est l'attitude que nous adopterons désormais

dans toutes les circonstances de notre vie. C'est l'esprit de notre Troisième Étape. Personne ne peut appliquer ces principes à la perfection, mais nous savons que notre rétablissement, y compris notre affranchissement de la compulsion, dépend directement de notre bonne volonté à cet égard.

La Troisième Étape repose sur ce désir sincère de nous conformer à la volonté de Dieu, tous les jours, un jour à la fois. Nous allons agir sans peur. Nous essayons de trouver Dieu et nous affirmons bien haut, dans nos propres mots, que nous confions notre vie, toute notre vie, et notre volonté, aux soins d'une Puissance plus grande que nous. Le Mouvement met aussi une prière traditionnelle à notre disposition :

Mon Dieu, je m'offre à toi pour que tu te serves de moi et que tu disposes de moi comme tu voudras. Délivre-moi de l'esclavage de l'égoïsme, pour que je puisse mieux faire Ta volonté. Délivre-moi de mes difficultés et que cette victoire apporte à ceux que je pourrai aider un témoignage de Ta puissance, de Ton amour et celui d'une vie conforme à Ta volonté. Amen! *

Si nous faisons cette prière ou la nôtre en y croyant vraiment, nous avons accompli un pas décisif qui changera notre vie. Notre Troisième Étape est faite. Dorénavant, nous allons envisager nos difficultés et nos décisions d'une toute autre façon, qu'il s'agisse de nourriture, de nos émotions anarchiques ou de la vie

---

*Source : Alcooliques Anonymes

en général. Nous n'agirons plus impulsivement, mais nous réfléchirons le temps nécessaire pour nous pénétrer de la volonté de Dieu à notre égard. Comme tout ne dépendra plus de notre seule volonté, nous allons tranquillement nous abandonner à notre Puissance supérieure et invoquer Son secours. Nous n'avons rien d'autre à Lui dire que : Mon Dieu, aide-moi à faire Ta volonté.

Cette Troisième Étape, c'est le rétablissement assuré. La mise en pratique quotidienne de notre décision de vivre conformément à la volonté de Dieu nous garantit qu'Il nous guidera dans les neuf autres Étapes du programme. Dans les moments d'hésitation, nous revenons à notre engagement, vivre comme Dieu nous le demande; nous savons alors que nous pourrons retrouver notre aplomb simplement en Lui demandant force et courage. En d'autres mots, nous pouvons compter sur notre Puissance supérieure tant et aussi longtemps que nous consentons à nous mettre à l'écoute de Sa volonté et à agir dans le sens qu'Elle nous indique. Nous sommes désormais en mesure de faire face à toutes les circonstances de la vie parce que nous ne sommes plus seuls.

La bonne réponse nous est donnée chaque fois que nous laissons aller notre propre volonté et que nous demandons humblement de l'aide.

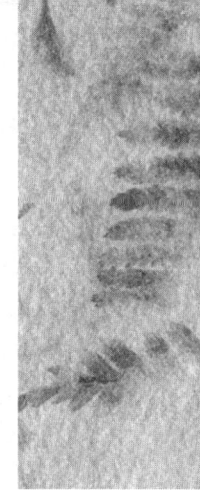

Nous avons procédé sans crainte

à un inventaire moral,

approfondi de nous-mêmes.

Procéder à la Quatrième Étape, c'est faire l'inventaire de notre vie jusqu'à aujourd'hui. Pratiquement, c'est consigner sur papier tous les événements et situations à coloration morale ou éthique. Tout en faisant la liste, nous notons les émotions qu'ont fait naître en nous ces événements et nous essayons de voir les traits de caractère à l'origine de ces situations et de ces émotions. Cet inventaire marque un grand moment dans notre rétablissement, car il nous fait mesurer jusqu'à quel point nous voulons vivre les Douze Étapes. La tradition OA nous dit que nous devons aborder cette opération avec la confiance la plus totale. Comment faire?

Ceux qui ont déjà fait leur Quatrième Étape considèrent ce minutieux inventaire moral comme l'un de leurs plus grands gestes d'amour envers eux-mêmes. Grâce au regard honnête jeté sur le passé, sur nos comportements et sur nous-mêmes, chacun se connaît davantage. Or, pour régler nos difficultés émotives, nous devons d'abord savoir qui nous sommes. Avant de passer par cette Étape, nombre d'entre nous avaient vécu avec le secret de leur honte. Tout au fond de nous, nous étions convaincus de n'avoir aucune valeur, d'être bêtes. Bien souvent, ce sentiment était imputable à la culpabilité attachée à des erreurs non assumées. Comme jamais nous n'avions regardé nos torts en face, nous ne pouvions pas les reconnaître en toute honnêteté : voilà où notre malaise prenait sa source. Notre inventaire personnel a marqué un nouveau début dans notre vie. Débarrassés des débris du passé, nous pouvions tout recommencer.

Si nous voulons nous rétablir de la compulsion alimentaire, nous ne pouvons nous soustraire à la Quatrième Étape et à l'introspection qu'elle exige. Comme la Première Étape où nous avons reconnu notre impuissance devant la nourriture, la Quatrième fait partie d'une série de transformations qui en nous amenant vers de plus en plus d'honnêteté et vers une meilleure connaissance de nous-mêmes, vont graduellement nous délivrer de notre ego. Sans que nous nous en rendions compte, et pendant des années, nos déficiences ont réglé nos émotions et nos comportements. En faisant face à ces difficultés, nous leur enlevons leur emprise sur nous. Les chaînes qui nous enferment dans notre moi tombent l'une après l'autre, nous laissant libres d'écouter enfin la volonté de Dieu pour nous et de l'exécuter. Nous n'avons plus besoin de nous mettre à l'abri des émotions douloureuses en allant outre-manger.

Les OA en sont venus à croire que la confiance et le souci du détail – nous parlons d'un *inventaire approfondi* – sont les attitudes fondamentales de quiconque s'engage dans la Quatrième Étape. N'étions-nous pas passés maîtres dans l'art de nous mentir à nous-mêmes?

N'avions-nous pas refusé pendant des années de regarder en face notre façon de manger et ses conséquences sur notre vie physique, émotive et spirituelle? Nous agissions de la même manière dans d'autres domaines : nous ne reconnaissions ni nos torts ni nos erreurs et nous n'admettions pas la nécessité d'apporter des changements dans notre vie. Mais, il n'y a **pas de rétablissement possible sans changement.** Or, la clé du changement, c'est l'honnêteté. Pratiquer la Quatrième Étape, c'est être de plus en plus capable d'affronter notre malhonnêteté passée et vouloir de plus en plus vivre dans la vérité.

Il ne faut surtout pas reporter cet inventaire à plus tard. S'y mettre, c'est concrétiser la décision prise en Troisième Étape. Retarder notre examen de conscience, par exemple jusqu'au moment où nous nous sentirons capable de le faire à la perfection, c'est aussi remettre notre rétablissement à plus tard. Nous avons vu des outremangeurs chercher pendant des mois La méthode idéale pour faire le bilan de leur vie : ils ont tout lu sur le sujet ou encore ils ont pris conseil auprès de leurs amis, des membres, de leur parrain ou de leur marraine. Pourtant, nos guides nous disaient : *l'important, c'est de passer à l'action.* Mais, nous, nous ne comprenions pas. Toutefois, en avançant dans notre inventaire, nous avons pu nous rendre compte que le perfectionnisme faisait aussi partie des attitudes maladives dont nous devions nous débarrasser.

Très souvent aussi, nous avons retardé le moment d'agir, simplement parce que nous ne voulions pas faire notre Quatrième Étape. Nous prétendions ne pas être prêts, mais au fond, nous refusions l'inventaire. C'est bien différent. Nous avons vu des cas où, après avoir commencé à pratiquer le mode de vie avec enthousiasme, des personnes se sont laissé regagner par la maladie en attendant de voir apparaître le désir de faire cette Étape. Nous avons découvert que pour enfin se mettre en marche, il suffit de demander à Dieu le goût d'agir et aussi de poser un geste quelconque en ce sens. C'est tout ce qu'il faut pour arrêter de constamment repousser le moment de notre inventaire. Il peut aussi être utile de se dresser un calendrier et de s'engager à le suivre scrupuleusement.

L'inventaire doit être mis sur papier, nous l'avons réalisé. D'ailleurs, n'importe quel commerçant voulant procéder à l'inventaire de son magasin sait bien qu'il ne peut pas se fier à sa seule mémoire. Grâce à cet exercice d'écriture, nous pouvons identifier les émotions qui allaient de pair avec nos agissements. Petit à petit, l'inventaire nous ouvre les yeux sur les avantages que nous avons tirés de certaines de nos réactions, mais il nous fait aussi voir que d'autres nous ont ébranlés sur le plan émotif tout en créant en nous l'habitude de penser de façon négative et de nous faire du mal.

Parfois, des outremangeurs ont entrepris cette Étape sans trop savoir pourquoi, mais simplement parce qu'on la leur avait présentée comme un moyen d'arrêter de manger compulsivement. Leur démarche a porté ses fruits. Chez les OA, on a l'habitude de dire que **mieux vaut se servir du programme** proposé **que de**

l'analyser. D'ailleurs, ceux qui ont essayé de compren
dre le mécanisme de cette Quatrième Étape ont vite vu
qu'ils perdaient leur temps. De la même façon, il ne sert
pas à grand-chose de s'analyser soi-même avant
d'entreprendre l'inventaire. C'est quand on se plonge
réellement dans cette opération de consignation sur
papier que la démarche donne vraiment des résultats.

Quelle doit être la forme de cet inventaire? En fait,
la forme importe peu puisque nous faisons cela chacun
pour soi. L'important c'est d'agir; ce qui compte, c'est
le fond, pas la forme. Évidemment, on peut demander
de l'aide de son parrain ou de sa marraine, qui en plus
de leurs suggestions, nous aideront dans les moments
difficiles de l'inventaire.

Depuis toujours, les outremangeurs ont trouvé
pratiques les directives du Gros Livre sur la conduite
de la Quatrième Étape. Il s'agit d'abord d'écrire les
noms des personnes, des principes ou des institutions
ou établissements contre qui nous en avons, par
ressentiment ou par peur. Vis-à-vis de chaque nom,
nous inscrivons dans quelles circonstances ces émotions ont été provoquées. Finalement, nous repensons
à chacun de ces événements en nous demandant quels
besoins fondamentaux avaient alors été mis en péril et
nous cherchons à savoir auxquels de nos défauts nous
pouvons imputer le fait de nous être sentis blessés dans
ces circonstances.

Pour rendre le procédé moins pénible, il est recommandé à chacun d'essayer de voir ses bons côtés en
même temps que ses déficiences. Beaucoup de membres

ont prouvé que ça marche, car si nombreuses que soient nos difficultés, il y a toujours des aspects positifs dans notre vie. C'est important de les identifier au cours de l'inventaire personnel. Ici aussi, on peut procéder de diverses façons. Certains préfèrent commencer leur inventaire en faisant la liste de leurs qualités et de leurs réalisations positives. D'autres aiment mieux séparer leur feuille d'inventaire en deux pour y écrire d'un côté ce qu'ils ont fait, dit ou accompli de bien, puis ils inscrivent dans l'autre colonne les événements, incidents, et moments négatifs dont ils se souviennent. Certains commencent par faire un paragraphe sur ce qu'ils peuvent mettre à leur actif, puis font la même chose sur l'envers de ce trait positif. D'autres inventaires suivent l'ordre chronologique des événements : pour chaque période de sa vie, l'outremangeur décrit les moments importants, positifs ou négatifs, avec les émotions correspondantes. En procédant ainsi, à la manière d'un bilan, nous pouvons nous regarder objectivement. Encouragés, nous poursuivons en toute confiance notre examen minutieux, à la recherche de nos points faibles.

Dans la conduite de notre inventaire, il peut être utile de nous interroger sur des traits précis de notre caractère. Pour ce faire, nous décrivons comment ils se sont concrètement manifestés dans notre vie.

Prenons par exemple le cas de quelqu'un qui se demande s'il doit mettre l'orgueil au nombre de ses déficiences. La personne pourra examiner ses attitudes passées en y cherchant des traces d'arrogance ou de vanité. Si elle en trouve, elle les notera. Il faut aussi donner des exemples, faire une liste de comportements qui traduisent bien cet orgueil.

C'était un exemple. On procède de même pour les autres traits de caractère. De toutes les façons, voici des modèles de questions qui pourraient éventuellement servir à dresser un inventaire :

Suis-je une personne affamée de pouvoir? Est-ce que tout le monde doit faire ce que je veux? Si oui, comment mon penchant se manifeste-t-il envers ma famille, mon conjoint, mes amis, mes patrons, mes confrères, mes enseignants, mes compagnons de travail? Est-ce que j'essaie de manipuler les autres, de leur faire peur?

En amour et en amitié, suis-je du type jaloux, exclusif?

Quelle est ma réaction lorsque les choses ne vont pas à mon goût?

Si les autres ne sont pas d'accord avec moi, qu'est-ce que je ressens?

Est-ce que je suis tolérant ou tolérante face à ce qui est différent de moi?

Suis-je du genre à engendrer les conflits ou du genre à les dénouer?

Est-ce que je cherche à toujours être le centre d'intérêt? M'est-il déjà arrivé de provoquer quelqu'un dans le seul but de me faire remarquer? Est-ce que j'ai peur qu'on ne me reconnaisse pas, qu'on ne me respecte pas, qu'on ne m'aime pas, qu'on m'oublie, qu'on ne m'écoute pas quand je parle? Est-ce que j'écrase les autres pour occuper le premier rang? Quelles limites ont atteint ma vanité et mon orgueil?

Est-ce que je cours après le pouvoir? Pour impressionner les autres ou pour paraître mieux qu'eux, combien de temps, d'argent et d'énergie ai-je investis?

Suis-je snob? Est-ce que je m'intéresse davantage aux « personnalités » qu'au « commun des mortels »?

Ai-je déjà tenté d'humilier des gens ou de les remettre à leur place?

Est-ce que je me suis acharné(e) à diminuer une personne en particulier?

Ai-je déjà joué à quelqu'un un tour de mauvais goût?

Est-ce qu'il m'est arrivé de reprocher aux autres des agissements que j'aurais très bien pu me reprocher à moi-même? Est-ce que j'agis hypocritement tout en condamnant l'hypocrisie des autres?

Est-ce que j'ai déjà intentionnellement porté atteinte à la réputation de quelqu'un?

Est-ce que je prends plaisir à parler contre les autres ou à écouter les médisances et les calomnies?

Ai-je tendance à me sentir attaqué(e) pour des vétilles? À moins que j'aie l'air d'être au-dessus de tout et fasse semblant de tout trouver drôle...

Est-ce que j'oublie les besoins des autres en ne pensant qu'à moi et à mes fantaisies égoïstes? À l'occasion, ai-je utilisé l'argent de la famille pour satisfaire les besoins engendrés par ma maladie ou mon égocentrisme? Ai-je toujours été là quand ma famille a eu besoin de moi?

Suis-je plutôt porté(e) à m'occuper des besoins de tout le monde, sauf des miens? Ai-je tendance à prendre sur moi les responsabilités des autres et à faire à leur place ce qui leur incombe à eux?

Si les choses se gâtent, est-ce que je reconnais ma part de responsabilité ou est-ce que je fais généralement porter le blâme sur les autres? Ai-je toujours une bonne raison pour excuser mes erreurs?

Suis-je sans préjugés? Ai-je déjà agi injustement envers quelqu'un à cause de sa race, de sa religion, de son sexe, de ses handicaps physiques ou de ses choix politiques? M'arrive-t-il de raconter des histoires racistes ou sexistes? Ou encore, suis-je trop timide pour dire que je n'aime pas beaucoup ce genre de blagues?

Suis-je capable de reconnaître mes torts et d'admettre que les autres aussi peuvent avoir raison? Est-ce que je m'imagine tout connaître?

*Mes déficiences et celles des autres m'apparais-
sent-elles comme quelque chose de naturel? Est-ce
que je les accepte? Est-ce que, au contraire, je
pleure sur mes erreurs tout en relevant celles des
autres?*

*Est-ce que je fais semblant d'être d'accord avec les
autres pour être aimé(e)? Est-ce que je vais
jusqu'à me faire un point d'honneur de connaître
les désirs de tout le monde, et d'y répondre, peu
importe ce qu'il peut m'en coûter? Suis-je capable
de dire non?*

*Mes agissements publics ou privés portent-ils la
marque de la délinquance? Quelle est mon
attitude face à l'autorité représentée par des
personnes ou des institutions?*

Faire son inventaire, c'est aussi examiner ses peurs.
D'ailleurs, la plupart des outremangeurs reconnaîtront
que la peur, l'angoisse et l'inquiétude ont pris énormé-
ment de place dans leur vie. Elles nous ont empêchés
de connaître la joie véritable et de réaliser nos rêves.
Avant d'entreprendre notre inventaire, nous nous
croyions obligés de vivre constamment dans la peur. La
Quatrième Étape nous fait d'abord faire la liste des
gens, des lieux et des choses qui nous ont inspiré ce
sentiment. Cette liste dressée, nous nous posons certaines
questions sur les effets de la peur dans nos vies :

*Est-ce que je passe beaucoup de temps à m'en
faire pour l'immédiat et pour l'avenir?*

Ai-je peur des gens? Est-ce que je fuis mes amis, la société?

Est-ce que rencontrer de nouvelles personnes est une expérience difficile pour moi? Ai-je tendance à rester dans mon coin en attendant que les autres s'intéressent à moi?

Est-ce que je me trouve régulièrement engagé(e) dans des relations avec des gens qui me violentent moralement ou physiquement?

La peur me fait-elle hésiter à rompre les relations que je trouve inadéquates ou destructrices?

La peur et l'insécurité m'empêchent-elles de chercher un nouveau poste ou de changer de carrière? Est-ce que je reste, par peur, dans des situations qui ne me conviennent pas?

Ai-je peur de m'exprimer, de dire ce que je ressens?

Est-ce que je crains les disputes au point de me laisser faire plutôt que de m'affirmer?

Quand la peur m'a-t-elle empêché(e) d'agir? Est-il arrivé que je laisse quelqu'un dans une situation difficile alors que j'aurais pu intervenir? Ai-je déjà laissé accuser ou punir quelqu'un à ma place?

M'est-il arrivé d'abandonner quelqu'un dont j'étais responsable?

La colère et le ressentiment sont des symptômes fréquents de la compulsion alimentaire. D'ailleurs, l'une et l'autre nous ont souvent fait manger de façon maladive. C'est pourquoi notre inventaire devrait toujours comporter la liste détaillée des individus et des institutions auxquels nous en voulons. Nous procéderons en nous posant des questions comme celles qui suivent :

Ma hargne venait-elle du fait que quelque chose ou quelqu'un avait porté atteinte à mon estime de moi, à ma sécurité, à mes ambitions ou à mes relations personnelles? Ai-je essayé de rendre la pareille et me suis-je fait un point d'honneur de ne jamais oublier le tort qu'on m'avait fait?

Est-ce que j'ai contre quelqu'un (et contre qui?) une rancœur jalouse? Est-ce que j'envie aux autres leur apparence, leur argent, leur vie sexuelle, leur popularité, leurs biens ou leur rang social?

Est-ce que je m'en veux pour ce que je n'ai pas réussi à faire? Est-ce que je me reproche ma compulsion alimentaire? (Si oui, j'ajoute mon nom à ma liste.)

Nous devons aussi examiner les manifestations de la colère dans notre vie en nous demandant si elle nous a rendus durs ou rancuniers. Nous devons chercher à voir si, à cause d'elle, nous n'avons pas jugé les autres, nous sentant au-dessus de la mêlée.

N'ai-je pas dirigé ma colère vers les mauvaises cibles? Par exemple, m'en suis-je déjà pris ou prise à mes proches plutôt que d'aller m'expliquer directement avec la personne responsable de ma mauvaise humeur?

M'est-il arrivé d'agresser les gens verbalement ou physiquement? (Dans l'affirmative, j'ajoute à mon inventaire toutes les occasions où j'ai attaqué les autres.)

Est-ce que j'ai maltraité des animaux?

Le goût de me venger, ma négligence ou mon insécurité ont-ils causé la mort de quelqu'un?

Suis-je une personne égoïste et mesquine ou plutôt généreuse? Suis-je quelqu'un qui en veut toujours plus, que rien ne contente, même quand ses besoins sont satisfaits?

L'argent est-il une obsession pour moi? Ai-je l'impression que tous mes problèmes seraient réglés si j'avais plus d'argent? Est-ce que je dépense plus que je ne gagne? Est-ce que je fais attention à l'argent que j'ai? Est-ce que je paie bien mes factures?

Suis-je du genre paresseux et nonchalant? Quelles ont été dans ma vie les conséquences de ce trait de caractère? Ai-je toujours remis à plus tard? (Si c'est le cas, il faut ajouter à mon inventaire chacune des circonstances où j'ai agi de cette *façon.) Suis-je perfectionniste au point de ne rien entreprendre que je risque de ne pouvoir faire à la perfection?*

Est-ce que, au contraire, j'agis précipitamment, sans réfléchir? Est-ce que je suis impatient ou impatiente?

Dans un groupe, est-ce que je participe aux travaux? Est-ce que je n'attends pas plutôt que quelqu'un d'autre se propose?

Est-ce que je dépends des autres au point de croire qu'ils doivent prendre soin de moi et tout faire à ma place, qu'ils sont responsables de mon bonheur et doivent me protéger contre les conséquences malheureuses de mes actes?

Sur le plan de la sexualité, ma façon d'agir m'a-t-elle causé des difficultés? Lesquelles?

Ai-je cherché des plaisirs et posé des gestes tels que j'ai perdu toute estime de moi? Est-ce que j'ai couché avec tout un chacun?

Est-ce que j'ai perdu mon temps à fantasmer sur d'éventuelles relations sexuelles alors que j'aurais pu l'employer à améliorer mes rapports avec les gens?

Dans la relation sexuelle, est-ce que je m'intéresse seulement à mon plaisir mais jamais à celui de l'autre?

M'est-il arrivé de causer du tort à quelqu'un en faisant passer en premier mes pulsions sexuelles?

Ai-je couché avec une personne déjà engagée dans une relation? Ai-je trompé mon partenaire ou ma partenaire à moi?

Est-ce que par la manipulation ou par la force j'ai déjà contraint quelqu'un à avoir des contacts sexuels avec moi?

Ai-je déjà violenté quelqu'un sexuellement? Est-ce que je me suis adonné(e) à des jeux sexuels avec un enfant ou une autre personne plus ou moins en mesure de résister?

Se peut-il que j'aie déjà profité de ce que quelqu'un ait eu confiance en moi, et besoin de moi, pour l'obliger à avoir des relations sexuelles avec moi?

Pour coucher avec quelqu'un, m'est-il arrivé de recourir à l'intimidation en profitant, par exemple, de ma position de force ou de pouvoir? Dans les cas où on a rejeté mes avances, ai-je fait des menaces ou cherché à me venger?

Me suis-je servi(e) du fait d'avoir couché avec quelqu'un pour obliger la personne à rester avec moi? Ai-je utilisé une grossesse à la même fin?

Est-ce que j'ai fait un enfant à une femme sans en partager la responsabilité avec elle?

Ai-je sciemment transmis une MTS à quelqu'un?

Ai-je mal canalisé mes pulsions? Comme beaucoup d'outremangeurs, ai-je préféré l'isolement et la nourriture aux relations sexuelles, faisant ainsi injustement payer à mes partenaires le prix de ma maladie et de ma peur?

Est-ce que je fais confiance aux autres? Est-ce que j'ai plutôt tendance à ne croire en personne, moi y compris?

Note : quand on ne peut pas faire confiance à qui que ce soit, c'est souvent qu'on n'est pas soi-même digne de confiance. OA nous donne l'occasion de montrer notre désir sincère d'être honnête, condition essentielle à l'efficacité du mode de vie. C'est pourquoi dans le cadre de son inventaire personnel, chacun doit se demander : Est-ce que je mens plus souvent que je ne dis la vérité? À qui ai-je menti, dans quelles circonstances, à quel sujet?

Ai-je agi de façon malhonnête et sournoise? Ai-je laissé les autres dans l'ignorance pour tirer avantage de ce que moi je savais?

Est-ce que j'ai gardé des objets ou de l'argent trouvés plutôt que de les retourner à leur propriétaire?

Ai-je déjà volé?

Pour faire un bon inventaire, nous devons dresser la liste de toutes les circonstances où nous nous sommes approprié ce qui appartenait à d'autres : biens, nourriture, argent. Ici encore, nous nous poserons une série de questions :

Si j'ai altéré le bien des autres, ai-je réparé ou fait réparé les dommages?

Ai-je déjà soutiré de l'argent à quelqu'un? M'est-il arrivé de ne pas remettre des choses que j'avais empruntées?

Est-ce que j'ai révélé des confidences qu'on m'avait faites?

Suis-je un tricheur ou une tricheuse? Ai-je déjà triché par exemple dans un jeu-questionnaire ou un jeu d'habileté, lors d'une épreuve ou d'une compétition?

Me suis-je conté des histoires? Me suis-je caché la vérité au sujet de ma façon de manger, de mes défauts et de l'urgence de changer?

Comme bien des outremangeurs, aurais-je tendance à ne regarder que le mauvais côté des choses? (Tout compte fait, ce n'est qu'une autre façon maladive de ne pas voir la vie telle qu'elle est.)

Est-ce que je remercie la vie pour ce qu'elle me donne? Ai-je plutôt tendance à ne pas voir les cadeaux qu'elle me fait et à me concentrer uniquement sur ce que je voudrais avoir?

Suis-je optimiste ou pessimiste? Est-ce que je

travaille à me procurer ce qui est bon pour moi ou est-ce que je suis obsédé(e) par les malheurs qui pourraient m'arriver?

Mon pessimisme crée-t-il une atmosphère pénible pour mon entourage, ma famille, mes collègues? Est-ce que je critique tout et tout le monde?

Est-ce que je m'apitoie sur mon sort en jouant à la victime?

Tout comme nous devons vaincre notre peur, nous devons arrêter de nourrir des pensées négatives si nous voulons nous rétablir.

Une fois notre inventaire terminé, nous le relisons pour nous-mêmes, en nous demandant si nous avons vraiment tout vu, les côtés positifs comme les aspects négatifs. L'expérience prouve que nous devons tout écrire, tous nos traits de caractère, nos émotions, nos torts et ce qu'ils nous ont fait faire. Évidemment, certains souvenirs seront pénibles, mais nous les mettrons quand même sur papier. En affrontant la vérité qui nous met en face des erreurs commises, nous nous libérons de la honte, car ce sont ces erreurs que nous jugeons, ce n'est pas nous.

Notre inventaire terminé, vérifié et encore revu, nous demandons à Dieu de nous aider à retrouver ce que nous aurions pu oublier. Nous faisons une pause pour méditer et nous cherchons à voir si nous voulons vraiment affronter toutes les vérités que Dieu veut nous apprendre sur nous-mêmes. S'il nous vient à l'esprit quelque chose qui nous avait échappé, nous l'ajoutons à notre inventaire. Plus nous avancerons sur la voie du rétablissement, plus nous découvrirons de déficiences, mais aussi plus nous serons conscients de nos bons côtés. Pour l'instant, il suffit d'écrire tout ce que nous savons de nous, aujourd'hui. Si nous croyons avoir travaillé honnêtement, nous pouvons nous dire que nous avons fait un inventaire moral approfondi. Notre Quatrième Étape est terminée.

À la lecture de notre inventaire, nous pourrions bien constater que le négatif dépasse le positif; il ne faut pas nous décourager pour autant. Après tout, si nous n'avions rien trouvé à corriger, nous n'aurions pas besoin du programme de rétablissement des OA. En fait, plus grand est le nombre de défauts qui se révèlent à nous, plus il y a d'amélioration possible dans notre vie. N'est-ce pas une raison pour continuer à faire nos Douze Étapes?

Tous ceux qui ont fait l'inventaire OA sont d'accord pour dire que cette Étape a joué un rôle capital dans leur rétablissement et apporté de grands changements dans leur vie. Plus nous avançons, plus nous voyons se réaliser la promesse d'une vie meilleure et, comme on peut le lire dans l'*Invitation* de l'*Aide-mémoire des membres OA*, nous avons laissé « derrière nous les préoccupations alimentaires et le tumulte intérieur ».

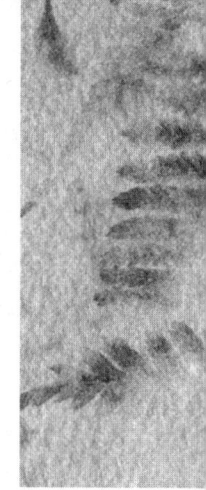

Nous avons avoué à Dieu,
à nous-mêmes et à un autre être
humain la nature exacte de nos torts

Toute leur vie, les outremangeurs compulsifs se sont sentis seuls, à l'écart du reste du monde. Nous avions partout le sentiment d'être des étrangers et nos attitudes reflétaient cette impression. Pour certains, c'était la timidité, pour d'autres, l'agressivité. Certains jouaient les clowns. Peu importe le rôle choisi, au fond de lui-même, chacun se croyait seul ou différent des autres. Dorénavant, grâce à la Cinquième Étape, nous savons que nous pouvons faire quelque chose pour mettre fin à notre isolement.

Généralement, les membres OA se sentent moins seuls avant même de passer à la Cinquième Étape puisque déjà ils ont appris à accepter, entre autres, l'accueil chaleureux des membres, et ils consentent désormais à faire partie d'un groupe. Lorsqu'on arrive à cette Étape, on a déjà commencé à échanger au téléphone ou aux réunions et on a très sérieusement parlé de sa vie avec son parrain ou sa marraine. Déjà, on s'est fait de vrais amis OA et on s'est ouvert à eux sans réserve. Habituellement, c'est sans très grande difficulté qu'on en vient à parler de sa propre façon d'agir du temps qu'on mangeait maladivement. Toutefois, quand il faut dépasser les comportements et aller en profondeur, nous réalisons que nous sommes loin d'avoir tout dit. C'est normal. En effet, avant de connaître les OA, peu d'entre nous auraient pu définir ou comprendre un inventaire : la Quatrième Étape a changé cela.

La Quatrième Étape à peine terminée, nous voulons presque tous passer immédiatement à la suivante pour nous débarrasser vite de nos rancoeurs d'autrefois et aussi de la honte et de la culpabilité profondément enfouies dans notre passé. Or, nous savons qu'en faisant part des détails de notre ancienne vie à un autre être humain, nous franchissons un pas, un grand pas, vers la délivrance. Désormais, nous sommes libérés de ce que nous cachions, et nous nous apprêtons à sortir de notre isolement.

La Cinquième Étape ne peut pas se faire sans l'aide de Dieu. Nous le savons : sans le secours d'une Puissance supérieure à nous, nous sommes incapables d'être parfaitement honnêtes face à nos manquements. La nature humaine est ainsi faite que chacun s'accroche à l'illusion de n'avoir jamais rien fait de mal; quant aux outre-mangeurs, en raison de leur longue pratique de la compulsion alimentaire, ce sont généralement des virtuoses de la rationalisation. Aussi demanderons-nous l'aide de Dieu pour remplacer l'habitude de justifier nos erreurs par la pratique d'une rigoureuse honnêteté. Nous faisons face à la réalité, à nos errements. De même, nous allons reconnaître comment nous sommes à l'origine de nos malheurs et ainsi cesser de rendre les autres responsables de toutes nos difficultés y compris notre compulsion.

La Cinquième Étape nous révèle une façon de vivre originale. À l'avenir, nous admettrons nos erreurs sans tarder plutôt que d'essayer de les dissimuler. En admettant humblement nos torts devant Dieu, nous entrons dans notre nouveau mode de vie. Avec la Cinquième Étape, nous nous montrons disposés à accepter le changement, nous consentons à ce qu'une puissance extérieure vienne nous apaiser. Concrètement, cela signifie relire notre inventaire, accepter et reconnaître ce que nous y trouvons, même si cette opération doit nous faire souffrir et nous paraître humiliante. De cette façon, nous reconnaissons nos torts devant Dieu tout en commençant à être honnêtes envers nous-mêmes. Nous ne nous cachons ni ce que nous avons fait ni qui nous sommes. Cette franchise nous donne de l'espoir. Pour la première fois, nous avons l'impression de pouvoir obtenir le pardon de nos fautes et de tout recommencer à zéro.

Nous croirons peut-être en avoir fini avec notre passé du fait d'avoir admis nos torts et de les avoir reconnus devant Dieu. Nous demanderons alors à quoi peut bien servir de « laver notre linge sale » devant une autre personne. N'est-ce pas nous exposer à une humiliation qui ne fera que renforcer la piètre opinion que déjà nous avons de nous-mêmes?

L'expérience a démontré que la Cinquième Étape produit exactement l'effet contraire. En révélant notre passé à un autre être humain, nous constatons qu'*humilité* ne signifie pas *humiliation*. Jusque là, nous avions souvent pensé qu'il nous fallait absolument être meilleur que tout le monde pour être quelqu'un. La Cinquième Étape nous fait prendre conscience de la réalité : tous nos efforts pour passer devant les autres, nous les avons faits en pure perte. Rien ne nous oblige à être au-dessus ni au-dessous du reste des humains; nous sommes comme tout le monde, avec les mêmes besoins et les mêmes désirs fondamentaux. C'est là une découverte pour ceux d'entre nous qui s'estimaient pires que les autres et se dévalorisaient. Le fait de parler ouvertement de nous avec un autre nous fait entrevoir une perspective encourageante. En effet, nous voyons bien que le fait de tout savoir sur nous n'empêche pas l'autre de nous accepter inconditionnellement. Du coup, nous commençons à nous pardonner nos fautes et à nous percevoir comme quelqu'un d'honnête et de fort. D'ailleurs, c'est vraiment ce que nous sommes puisque en passant à travers la Cinquième Étape nous nous sommes montrés capables d'accomplir une tâche difficile, et assez solides pour parler franchement.

Admettons-le : l'idée de reconnaître devant un autre la nature exacte de nos torts avait quelque chose d'effrayant. N'allions-nous pas pour la première fois prendre le risque de nous ouvrir complètement? Pourtant, nous allions constater que pour admettre nos torts sans réserve, il faut d'abord en parler. Nous ne pouvons changer quoi que ce soit dans notre vie si nous n'avons pas d'abord reconnu que la chose à changer est bel et bien là. En nous aidant à savoir qui nous sommes, la Cinquième Étape nous donne accès au changement, et à une qualité de vie insoupçonnée.

Le choix de la personne avec qui nous allons faire notre Cinquième Étape est important : cette personne sera non seulement digne de confiance mais elle comprendra ce que nous attendons d'elle. Ce sera souvent le parrain ou la marraine avec qui nous avons travaillé les quatre premières Étapes. Certains se sentent plus à l'aise avec quelqu'un d'autre. En cette matière, le seul « bon » choix est celui qui convient à chacun. Que cela soit clair : se faire accompagner dans la Cinquième Étape par un confident ou une confidente autre que son parrain ou sa marraine OA, ce n'est pas rejeter ces derniers.

Tout membre des OA ou d'un autre Mouvement anonyme qui vit conformément au mode de vie et est déjà passé par la Cinquième Étape devrait pouvoir en entendre un autre en confidence puisqu'il sait ce que signifient ces révélations. Cependant, rien ne nous interdit de livrer le contenu de notre inventaire à quelqu'un qui ne pratique pas le programme OA. Nous pouvons décider par exemple de franchir cette Étape avec un conseiller spirituel, un psychologue, un psychiatre ou tout autre thérapeute. Après avoir demandé à Dieu d'éclairer notre choix, nous passons à l'action sans tarder.

Nous ne cherchons pas à nous faire dire comment régler nos problèmes. Nous voulons quelqu'un de chaleureux, qui nous écoutera sans intervenir, sans nous juger ni vouloir nous suggérer de solutions; nous avons aussi besoin d'une personne qui gardera nos révélations pour elle seule. De plus, celle-ci devrait également être assez objective pour nous signaler des éléments qui lui semblent évidents mais que nous pourrions avoir oubliés. Nous pourrons alors recourir à son aide pour retrouver les points restés dans l'ombre. Comme les outremangeurs parlent généralement à cœur ouvert pour la première fois au moment de leur Cinquième Étape, il est évident que cette démarche doit se faire en compagnie d'un être humain prêt à donner un soutien affectueux.

D'autre part, il ne faudrait pas confondre cette Cinquième Étape avec une simple lecture de la liste de nos torts passés. Il s'agit de faire état de la « nature exacte » de ces torts. En d'autres termes, il faudra **expliquer** nos agissements, parler des émotions qui nous ont fait agir comme nous l'avons fait et de ce que nous avons éprouvé après coup. Nous prendrons conscience du prix que nous avons nous-mêmes dû payer dans chaque cas. Par exemple, il ne suffit pas de faire état de la haine que nous avons nourrie contre quelqu'un; la Cinquième Étape exige que nous précisions le trait de caractère à l'origine de ce ressentiment. Est-ce la jalousie? Est-ce la colère devant l'échec de notre tentative de contrôler quelqu'un? Ainsi, tout au long de cette Étape, nous verrons quelles incidences matérielles, émotives et spirituelles nos émotions négatives et nos actes répréhensibles ont eues dans notre vie.

Il arrive que, ayant compris nos réactions, nous soyons davantage en mesure de nous pardonner. En effet, nous réalisons souvent que derrière nos agissements, il y avait une volonté de survivre. De plus, les membres constatent presque invariablement que la peur a été la source de leurs émotions négatives et de leurs actes destructeurs. Au fur et à mesure que nous progressons dans la pratique du mode de vie, l'origine de notre peur devient évidente : nous craignions que nos besoins essentiels ne soient pas satisfaits. Il se peut que nous ayons eu de bonnes raisons de le penser; nous avions peut-être déjà été trompés, abandonnés dans des situations auxquelles nous ne pouvions pas faire face émotivement. Même si c'est le cas, nous devons dépasser notre méfiance. Pour nous en sortir, il nous faut absolument apprendre à croire aux autres et à remettre notre vie entre les mains d'une force qui nous dépasse.

Les outremangeurs compulsifs mettent du temps, beaucoup de temps, à acquérir une pareille confiance. La Cinquième Étape est capitale dans cet apprentissage. En effet, en dévoilant son passé à un autre être humain et en lui révélant ses secrets les plus intimes, chaque membre se met dans une position de vulnérabilité dont il n'a pas fait l'expérience depuis son enfance.

Même si nous ne pouvons pas avoir la certitude que notre confident ou notre confidente ne se servira pas de nos révélations contre nous, nous fonçons, car nous sommes prêts à tout pour aller mieux. Et le miracle se produit... Un autre être humain, qui sait tout de nous, nous accepte inconditionnellement. C'est notre première expérience en matière de confiance; nous nous disons alors que si quelqu'un d'autre nous accepte exactement comme nous sommes, peut-être arriverons-nous, nous aussi, à nous accepter sans réserve.

À l'occasion, la Quatrième et la Cinquième Étape mettent en lumière des éléments de notre vie autres que nos défauts de caractère. Par exemple, elles peuvent faire remonter à la surface des traumatismes anciens : abandon, mensonge, violence sexuelle et autre. Beaucoup plus d'outremangeurs qu'on ne voudrait le croire ont vécu cela. Ces expériences ont été si douloureuses que nous avons passé notre vie à essayer de les oublier, à manger pour les refouler de plus en plus loin. Certains membres ont réalisé que leur abstinence restait fragile et leur bien-être incertain tant et aussi longtemps qu'ils refusaient de regarder en face ces tristes événements. Suivre les Étapes et s'abstenir de manger compulsivement ne suffisant pas toujours, ces OA sont donc allés chercher de l'aide à l'extérieur du Mouvement en s'adressant à des thérapeutes ou à des groupes spécialisés dans le traitement de leur traumatisme particulier. Ces membres ont également constaté qu'une thérapie extérieure à OA peut rarement à elle seule venir définitivement à bout de dérèglements alimentaires comme les nôtres. La pratique continue des Étapes et la fréquentation des OA sont indispensables à notre rétablissement, à notre abstinence de tous les jours.

Immédiatement après le partage de notre inventaire avec un autre être humain, nombre de sentiments, d'émotions ou d'impressions peuvent monter en nous, comme l'humilité ou une sensation de soulagement ou d'exaltation. Souvent, nous avons l'impression de nous être rapprochés de notre Puissance supérieure tout en aimant les gens davantage. Mais, même si nous n'éprouvons rien de tout cela, une chose demeure : nous sommes **effectivement** plus près de Dieu et davantage en mesure de croire aux autres êtres humains. Une Cinquième Étape honnête porte toujours ses fruits; les résultats peuvent être immédiats ou graduels, mais il y a toujours des dividendes. Nous sommes libérés car, enfin, nous ne portons plus le terrible poids de nos anciennes erreurs. Dorénavant, nous vivrons un jour à la fois et nous réglerons nos difficultés au fur et à mesure qu'elles se présenteront.

En communiquant notre inventaire à une autre personne, nous avons acquis face à nous et face aux autres une honnêteté qui nous était jusqu'alors inconnue. Comme l'honnêteté est capitale dans le rétablissement des outremangeurs, nous voudrons la cultiver toujours plus. La meilleure façon d'y arriver est de continuer à travailler les Étapes; de plus, nous apprendrons à composer avec les aspects troublants de notre personnalité mis au jour par les Étapes quatre et cinq. Il ne suffit pas toujours de savoir ce qui ne va pas. Il faut agir. C'est ce que nous ferons en pratiquant les sept prochaines Étapes, qui nous donnent les moyens d'améliorer notre vie.

Désormais, nous prendrons les mesures pour que les défauts qui nous ont tant nui prennent de moins en moins de place.

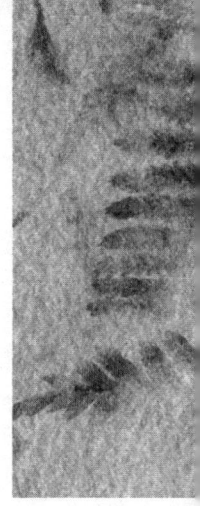

Sixième Étape

Nous étions tout à fait prêts à
ce que Dieu élimine tous ces défauts.

À première vue, la Sixième Étape a l'air facile. Y a-t-il quelqu'un qui n'a pas envie de voir disparaître toutes ses difficultés comme par miracle? Nous voulons tous commencer le plus rapidement possible notre voyage vers la perfection. Mais il y a aussi bien des membres qui seraient portés à traiter la Sixième à la légère.

Nous disons à Dieu : *Vas-y, mon Dieu. Enlève-moi mes défauts. J'attends.* Nous renions avec vigueur toutes nos anciennes réactions et habitudes, mais en peu de temps, elles nous ont rejoints. *Mais qu'est-ce que j'ai? Ce n'est pourtant pas malin, cette Étape-là!* Plus nous essayons de remettre nos défauts entre les mains de Dieu, plus nos déficiences semblent nous coller fortement à la peau.

En fait, la Sixième Étape s'est révélée l'une des Étapes les plus difficiles du mode de vie. **Dire** qu'on est tout à fait prêt et **être** prêt sont loin d'être la même chose. Généralement, nous voulons bien renoncer aux conséquences de nos défauts, mais pas à nos défauts eux-mêmes. Pourquoi avons-nous tant de mal à nous en séparer? La plupart du temps, nous avons peur de perdre ce que nous connaissons bien, nos façons de penser familières et nos anciens comportements, même si nous connaissons leurs mauvais effets dans nos vies. Nous nous demandons ce que nous allons devenir sans ces vieilles habitudes, car elles constituent notre seule façon de faire face à la vie. Nous craignons d'être moins intéressants aux yeux des autres si nous sommes privés de certaines de nos caractéristiques nuisibles. Bien sûr, nous n'aimons pas leurs répercussions négatives, mais nos défauts font tellement partie de nous que nous sommes effrayés à l'idée de les voir brusquement disparaître. Par exemple, ceux qui nourrissent de la rancœur depuis toujours se demandent comment ils pourraient envisager les choses s'ils devaient cesser d'en vouloir à quelque chose ou à quelqu'un. Ceux qui sont toujours à critiquer, à dire du mal des autres ou à mentir s'inquiètent de ce qu'il leur restera d'intéressant à dire si Dieu les délivre de leurs manies. Nous savons que nos rapports avec les autres nous ont jusqu'ici causé des souffrances et nous voudrions bien qu'il en soit autrement. Oui, mais *comment* allons-nous pouvoir changer cela? Une Sixième Étape sérieuse nous met en face d'une nouvelle peur : que nos défauts ne soient la trame du tissu de nos vies et que si Dieu nous délivre de nos habitudes passées, nous nous effilochions!

Il n'est pas rare non plus que nous devions faire face à un obstacle plus difficile encore. En effet, non seulement nous sentons-nous bien avec nos vieux défauts, mais plus encore, nous leur trouvons certains avantages. Nous nous amusons à mentir sans être pris; cela suffit à nous convaincre que, finalement, nous contons de bien petits mensonges. Nos rêveries nous donnent un sentiment d'importance et, ainsi, nous oublions le temps gaspillé à vivre dans notre monde imaginaire pendant que nous devrions nous occuper de la réalité. Nous prenons un certain plaisir à faire du commérage et nous en minimisons les conséquences en prétextant que nous parlons contre des gens qui le méritent et qui, de toute façon, n'en sauront rien. Il y a des outremangeurs qui tirent un certain orgueil de leur crise de colère ou de leur violence : ils ont le sentiment de se donner du pouvoir sur les autres. Nous avons beau nous dire avoir *pleinement consenti* à ce que Dieu nous enlève tous nos défauts, mais, dans les faits, nous voudrions bien conserver ceux qui nous servent.

Nous essayons alors d'« adapter » la Sixième Étape. Après tout, - et c'est là notre argument – personne ne nous demande la perfection. Notre programme ne nous dit-il pas que « *[...] nous visons le progrès plutôt que la perfection* ». Une pareille attitude ne fait que retarder notre rétablissement. Il n'y a pas de demi-mesure : la Sixième Étape dépend de notre **consentement inconditionnel** à laisser Dieu nous soulager de **tous** nos défauts. Ceux qui le comprennent travaillent constamment à s'améliorer.

Cependant, même une parfaite bonne volonté face à la Sixième Étape ne nous met pas à l'abri d'un autre piège. Ainsi, on a souvent vu des outremangeurs mal comprendre l'esprit de l'Étape et agir comme si c'était leur affaire d'éliminer leurs déficiences et leurs défauts. Disons, par exemple, que nous essayons de nous défaire de notre malhonnêteté : nous cherchons alors à nous transformer en quelqu'un d'honnête. Ou encore : conscients de notre égoïsme passé, nous voulons être généreux. Les gens qui sont très prompts à se mettre en colère font tout pour résister à leur penchant. D'autres, qui ont entendu dire que la crainte et la foi sont incompatibles, vont tenter de ne jamais plus ressentir aucune sorte de peur.

Ce sont là des efforts louables, mais ils semblent nous mener nulle part. En effet, plus nous nous acharnons contre nos défauts, plus grande est leur emprise sur nous. Si nous avons mal compris la Sixième Étape, nous n'obtiendrons jamais de résultat. C'est l'occasion pour nous d'apprendre une vérité fondamentale sur nous comme sur les Douze Étapes : nous sommes aussi impuissants devant nos défauts que devant la nourriture. Seule une force plus grande que nous peut les éliminer; laissés à nous-mêmes, nous n'y arrivons pas. Faut-il comprendre qu'il ne nous reste plus qu'une chose à faire : attendre que Dieu s'occupe de nos mauvais penchants? Allons-nous continuer à mentir, à être intolérants? Bien sûr que non. *Consentir pleinement* à voir disparaître nos défauts, c'est renoncer à nos habitudes destructives et tout mettre en œuvre pour vivre conformément aux principes mis en avant dans les Étapes. Il ne faut surtout pas nous décourager si nous ne nous améliorons pas aussi vite que nous le voudrions. Ne nous attendons pas à une transformation instantanée. La Sixième Étape nous demande de dire « oui » d'avance au miracle et à la série de métamorphoses qui l'accompagneront.

Nous engager dans la Sixième Étape, c'est choisir la voie du progrès et du changement. Pour accepter sans réserve le programme OA, il faut avoir identifié nos faiblesses et vouloir les abandonner en laissant Dieu agir à sa guise. Il ne nous appartient pas de décider quand ou comment se produira notre transformation. Il nous est simplement demandé de faire notre possible pour être disposés à changer. Il suffit de nous occuper activement de notre rétablissement et de nous préparer mentalement à recevoir l'aide de Dieu.

Dans ce but, nous devons bien examiner chacun de nos défauts. La Quatrième et la Cinquième Étape nous ont permis de regarder bien en face, et pas toujours sans douleurs, chacune de nos déficiences, et de les accepter. Avec la Sixième Étape, nous allons nous interroger non seulement sur les difficultés qu'elles nous causent, mais aussi sur les avantages que nous en tirons. En fait, nous voulons savoir pourquoi nous nous y accrochons. Nous y avons peut-être trouvé une source de réconfort ou de stimulation ou encore une compensation à notre pauvre estime de nous-mêmes. Nous devons reconnaître que chacun de nos défauts d'aujourd'hui nous a servi à un moment ou à un autre.

Ensuite, nous devons admettre que ces vieilles béquilles sont dorénavant inutiles; nous pouvons affronter la vie sans elles. Nous voyons combien nous nous faisons du tort en nous cramponnant à nos opinions et à nos attitudes. Comme il nous a fallu voir notre déchéance avec la nourriture, il faut regarder chacune de nos déficiences, et ses conséquences, avec la plus rigoureuse des honnêtetés. Nous le verrons bien : nos défauts nous coûtent plus cher qu'ils ne nous rapportent; alors seulement accepterons-nous inconditionnellement de les laisser aller.

Faire la Sixième Étape, c'est simplement appliquer les trois premières Étapes à toutes nos faiblesses. Nous nous disons à propos de chacune : *C'est au-dessus de mes forces, mais Dieu peut m'en débarrasser. Alors, je Le laisse faire.*

Il y a une seule condition préalable à la Sixième Étape : la volonté de changer. Or, tout changement fait peur, même quand il s'agit de corriger une situation malheureuse qui dure depuis trop longtemps. D'ailleurs, certains d'entre nous ont souffert terriblement pendant de longues années plutôt que de modifier quoi que ce soit dans leur vie. La Sixième Étape nous amène aussi à considérer la peur comme faisant partie de la nature humaine, donc de nous. Mais, comme nous sommes prêts à tout pour nous rétablir, nous nous y engageons malgré nos craintes. N'avons-nous pas décidé de ne plus jamais laisser la peur nous empêcher de faire ce qui est bon pour nous? De toute façon, si nous en sommes là, c'est que nous avons franchi cinq Étapes, en dépit de nos craintes. Cela n'a jamais fait mourir personne. Ne sommes-nous pas là aujourd'hui pour en parler? Et puis, nous avons déjà posé des gestes qui, autrefois, nous effrayaient terriblement.

Les dividendes de cette Étape, comme ceux des cinq premières, sont très grands. Même si nous ne nous en rendons pas immédiatement compte, en décidant résolument de modifier ce qui demandait à l'être dans notre vie, nous nous sommes donné une extraordinaire capacité de faire face aux difficultés de l'existence. Nous ne perdons plus de temps à nous accrocher au passé ni à résister au changement. Du moment que nous franchissons la Sixième Étape, nous acceptons de tout faire pour voir s'effectuer dans notre vie les transformations voulues par notre Puissance supérieure. Cette nouvelle attitude est garante de notre réussite. Nous acquerrons de la sagesse, notre jugement s'affinera et nous travaillerons avec une efficacité accrue au fur et à mesure de nos progrès sur la voie du rétablissement. Laissant derrière nous la compulsion alimentaire, nous verrons combien nous sommes capables de vivre normalement les événements heureux ou malheureux et d'en tirer des leçons. Conformément à la volonté de Dieu pour nous, chaque expérience nous sera une occasion de progrès spirituel.

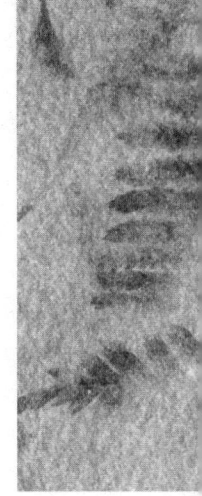

Nous Lui avons humblement demandé de faire disparaître nos défauts.

Depuis que nous avons franchi la Sixième Étape, nous sommes tout à fait d'accord pour renoncer à nos défauts; la Septième ne présente plus aucune difficulté. C'est simple : il suffit de demander à Dieu de nous débarrasser de nos défauts. Nous ne devons cependant pas oublier dans quelles dispositions nous ferons cette prière : avec humilité.

En arrivant chez les OA, nous ne comprenions pas pour la plupart ce qu'était l'humilité, que nous confondions avec les humiliations ou avec le manque d'estime de soi. Comme nous croyions avoir subi plus que notre juste part d'humiliations, nous nous sommes rebiffés en entendant les membres OA nous suggérer d'acquérir une humilité nouvelle. L'humilité? Nous avions bien besoin de cela! Au contraire, la piètre opinion que nous avions de nous-mêmes avait joué une part suffisamment grande dans notre maladie! Dans le Mouvement, nous avons appris que le mépris de soi n'avait rien à voir avec l'humilité. En fait, avons-nous constaté, moins on s'aime, plus on est centré sur soi; dans ces conditions, savoir ce qu'est la véritable humilité est impossible.

Avec le temps, nous avons vu quel rôle avait joué la compulsion alimentaire dans l'intérêt obsessionnel que nous portions à notre personne et à la position que nous occupions dans notre milieu. Humiliés de notre impuissance devant la nourriture et humiliés également par les terribles conséquences de notre compulsion, nous cherchions par tous les moyens à nous valoriser. Plus la maladie évoluait, plus nous mangions et moins nous nous aimions. C'est pourquoi nous avons voulu davantage encore nous donner de l'importance; pour y arriver, nous avons tenté de dépasser les autres de mille et une façons. Centrés sur nous-mêmes, nous avons cherché diverses formes de prestige. Comme nous voulions surtout faire les choses à notre façon et être reconnus absolument, nous essayions, ouvertement ou autrement, de passer avant tout le monde, pensant faire ainsi échec au sentiment d'être des nullités.

Chez les OA, nous avons découvert que l'humilité est une attitude simple : il s'agit de nous voir comme nous sommes en acceptant de devenir tout ce que nous pourrions être. L'humilité véritable ne connaît ni l'impression de ne pas être à sa place, ni l'égotisme, ni la poursuite des honneurs. L'humilité telle que la pratiquent les OA exclut l'idée d'une quelconque échelle sur laquelle les gens occuperaient des barreaux plus ou moins élevés, selon leur valeur. Elle place chacun exactement là où il va, à la même place que tout le monde, en harmonie avec Dieu.

Si nos six premières Étapes ont été sérieusement travaillées, nous avons déjà passablement avancé dans la voie de l'humilité définie par les OA. En effet, déjà nous avons reconnu avoir besoin d'aide pour arriver à vivre notre vie, nous avons commencé à renoncer à exercer notre volonté personnelle en tout temps, nous nous sommes montrés disposés à nous accepter comme nous sommes – sans oublier nos défauts – et nous avons consenti à voir disparaître les attitudes et les traits de caractère nuisibles pour nous. Toutefois, avant de pouvoir demander sincèrement et humblement d'être libérés de nos défauts de caractère, il est important que nous comprenions certains concepts.

De quoi s'agit-il? Précisons d'abord que si nous demandons à Dieu de nous enlever nos défauts, ce n'est pas dans le but d'être mieux que les autres. Prier dans cette intention nous ferait plutôt régresser. Nous sommes dans cet état d'esprit lorsque nous méprisons, par exemple, ceux qui ne vivent pas d'après les Douze Étapes, qu'il s'agisse de personnes étrangères à OA ou encore des nouveaux dans le Mouvement. La finalité de la Septième Étape n'est pas de nous placer moralement au-dessus des autres, nous cherchons simplement à ressembler de plus en plus à ce que Dieu attend de nous. Si nous demandons d'être transformés, ce n'est pas pour satisfaire notre ego, mais dans le but de mieux servir notre Puissance supérieure.

Souvent, nos défauts ne nous sont pas enlevées dès que nous prions en ce sens; il se peut également que se manifeste de nouveau un défaut qui semblait disparu depuis un bon moment. Tous les OA ont fait l'expérience de ces épisodes de lutte contre leurs faiblesses. Si combattre ces défauts ne signifie pas manquer d'humilité, nous devons d'autre part nous demander comment nous réagissons face à la persistance de ces échecs apparents. Si nos rechutes nous ébranlent, nous abattent ou nous découragent, c'est que nous n'avons pas encore atteint l'humilité véritable. Si nous nous mettons en colère contre Dieu, contre nous ou contre les autres, là encore, l'humilité nous fait défaut, car celle-ci implique l'*acceptation de nos déficiences*. Être humble, c'est accepter, même si cela doit nous faire mal, que chacun de nos défauts fait effectivement partie de nous. En prenant cette attitude, nous pouvons nous adresser à notre Puissance supérieure en lui disant : « *Voilà comment je suis. Je ne peux changer que si Tu m'aides.* »

D'autre part, si nous pratiquons l'humilité authentique, nous ne nous flatterons pas de la disparition d'un défaut de longue date. Soulagés et reconnaissants, nous voyons là un miracle, une libération, la manifestation du pouvoir de l'amour de Dieu. Si autour de nous d'autres sont encore aux prises avec les défauts qui nous ont tant fait souffrir autrefois, loin de les traiter de haut, nous leur communiquerons l'espoir de s'en sortir, nous les amènerons à se dire : « *Si ça marche pour Untel ou pour Unetelle, pourquoi serait-ce différent pour moi?* »

Cette humilité, c'est évident, ne nous est pas automatiquement acquise simplement parce que nous avons décidé d'être humbles. Elle nous est donnée. C'est un don au même titre que les miracles qui jalonnent la pratique des Étapes : le rétablissement de notre maladie alimentaire et l'apaisement de nos autres souffrances. Tout ce que nous avons à faire, c'est être prêts à renoncer à ce qui fait obstacle à l'humilité vraie : le manque d'estime de soi, la fatuité et le désir exagéré d'être reconnus.

Nous serions donc avisés d'entreprendre la Septième Étape en demandant à notre Puissance supérieure de nous donner l'humilité dont nous avons besoin. Cette prière faite, nous pouvons nous mettre à l'œuvre avec la certitude que notre Puissance supérieure prendra soin de faire grandir en nous l'humilité, un jour à la fois. Pour notre part, nous consentirons à voir notre système de valeurs se transformer au fur et à mesure que nous mettrons en application les principes OA. C'est dire que nous n'avons pas à atteindre l'humilité parfaite – nous risquerions d'attendre longtemps – pour tenter de mettre en pratique la Septième Étape ou les cinq qui la suivent. Une fois que nous avons demandé à Dieu de nous accorder l'humilité, nous Le laissons S'occuper du reste.

Concrètement, comment se passe cette Étape? C'est simple. Il s'agit d'aller chercher notre inventaire ou une quelconque liste de nos défauts. Nous nommons alors ceux-ci l'un après l'autre et, pour chacun, nous demandons à Dieu de faire ce qu'il faut, à son heure et à sa façon. Nous faisons d'abord savoir à Dieu que nous sommes tout à fait prêts à voir disparaître le défaut en question et nous Lui exprimons notre désir de servir les autres de plus en plus et de mieux en mieux quand nous aurons acquis les qualités de nos défauts. Ici encore, le Mouvement nous propose une prière traditionnelle :

Mon Dieu, je suis maintenant disposé à ce que Tu prennes tout ce que je suis, le bon et le mauvais. Je Te demande de m'enlever chacun des défauts de caractère qui m'empêchent de T'être utile et d'être utile à mes frères. Accorde-moi de faire Ta volonté à compter de maintenant. Amen!*

Notre prière finie, nous pouvons considérer la Septième Étape terminée. Note : Certains membres ont trouvé profitable de prendre une posture associée à l'humilité (à genoux, par exemple) pendant cet exercice.

Pouvons-nous nous attendre à devenir des êtres parfaits? C'est douteux. En fait, la pratique des Étapes nous fera très certainement découvrir des faiblesses qui auront échappé à l'opération de nettoyage des Quatrième, Cinquième, Sixième et Septième Étapes. Si cela se produit, en toute humilité, nous refuserons de nous laisser abattre ou scandaliser par ces prises de conscience. Nous devons en fait partir du principe qu'il y a probablement nombre de choses à changer en nous, mais nous devons aussi nous rendre compte qu'il est impossible de tout régler d'un coup puisque nos défauts nous apparaissent à leur heure. Mais au moment où Dieu l'aura décidé, c'est-à-dire au moment opportun, Il nous montrera les défauts à corriger. C'est inévitable si nous vivons le mode de vie du mieux que nous pouvons. Face à nos faiblesses, nous nous en remettons aux Étapes (y compris à la Sixième et à la Septième). En d'autres termes, nous commençons par

---

*Source : Alcooliques Anonymes

accepter sans réserve le défaut nouvellement découvert. Ensuite, nous nous interrogeons sur nos raisons
de l'entretenir et sur ses conséquences dans notre vie.
Nous poursuivons cet examen jusqu'à ce que nous
ayons la conviction de ne vraiment plus vouloir de
cette faiblesse. Puis, ayant reconnu notre impuissance
à éliminer cette dernière par nos propres moyens, nous
demandons humblement à Dieu de nous l'enlever.
Puisque nous savons hors de tout doute que Dieu va
donner suite à notre prière, nous pouvons reprendre
notre vie quotidienne avec un nouvel état d'esprit.

Pour bon nombre de nos travers, nous pourrons, en
pensée, entrevoir les réactions que nous aurons, une fois
débarrassés de chacun. Par exemple, nous pouvons dans
notre tête imaginer ce que nous serons alors. Comment
allons-nous penser? Comment allons-nous agir? Nous
pouvons essayer de nous faire un scénario de ce qui se
passera alors et y revenir dès que nous sommes tentés de
retomber dans nos vieilles habitudes. Nous allons parfois récidiver, faute de vigilance. Cependant, si nous
persistons à visualiser notre nouveau moi et à nous
exercer à de nouvelles attitudes, ces comportements
finiront inévitablement, avec le concours de notre
Puissance supérieure, par devenir une seconde nature.

Lorsque nous ferons une erreur, nous la reconnaîtrons comme telle sans pour autant nous considérer
comme des incapables. Dès aujourd'hui, nous cessons
de nous dire que nous serons toute notre vie malhon-
nêtes, égoïstes, ou bêtes. Désormais, nous répéterons la
vérité à notre sujet : grâce à la pratique quotidienne de

comportements positifs, nous sommes en train de devenir des personnes honnêtes, attentives, aimantes, éclairées et efficaces.

Au début, tout cela peut paraître difficile, mais les OA savent d'expérience combien il est important pour se rétablir de vouloir faire le nécessaire. D'ailleurs, notre bonne volonté n'est-elle pas l'indice de notre désir de réussir? C'est pourquoi nous devons nous demander si nous voulons vraiment investir du temps et de l'énergie pour changer notre façon de penser et notre caractère. Nous nous demanderons aussi jusqu'où nous sommes prêts à aller pour voir partir nos défauts. D'ailleurs, l'énergie que nous mettrons à travailler à leur élimination nous rendra précieux le miracle qui va bientôt arriver dans notre vie; nos efforts nous empêcheront de considérer ce cadeau comme une chose due. Et puis, lorsque la métamorphose inespérée se produira, nous saurons que nous ne sommes pas seuls en cause. Nous aurons agi sous l'inspiration de notre Puissance supérieure. Dieu s'étant servi de nous pour faire disparaître nos défauts.

Si nous persistons à nous abstenir d'outremanger compulsivement, nous vivrons normalement tout en progressant sur le plan spirituel. Pour nous faciliter les choses, nous ferons en sorte que les principes nouvellement acquis par la pratique des Sixième et Septième Étapes deviennent partie intégrante de notre vie quotidienne. En d'autres termes, nous nous efforcerons de rester prêts à renoncer à tout nouveau sentiment négatif que nous pourrions découvrir. Concrètement, nous nous en remettrons à notre Dieu d'amour en lui demandant humblement de faire disparaître nos peurs ou notre haine, par exemple. Pendant ce temps, nous serons toujours consentants à faire ce que notre Puissance supérieure exigera de nous.

Si nous savons faire preuve de patience et de persévérance, viendra un moment où nous verrons pourquoi nous éprouvons tel ou tel sentiment et pourquoi nous agissons comme nous le faisons. Peut-être prendrons-nous conscience que certains de nos défauts ne sont que des tendances mal dirigées et que, celles-ci, utilisées correctement et au bon moment, se révèlent des atouts précieux... Prenons le cas de l'entêtement : s'il nous fait nous accrocher à nos attitudes nuisibles, c'est un défaut. Toutefois, dans la pratique des Douze Étapes, il peut s'avérer positif si c'est cette ténacité qui nous fait revenir chez les OA, nous fait vivre selon les principes du Mouvement et nous fait utiliser les outils de rétablissement... malgré des résultats longs à venir. On peut envisager que dans l'opération de nettoyage de nos défauts, Dieu nous fait voir comment notre obstination est de la persévérance déguisée et nous aide à nous en servir à bon escient.

Grâce à la pratique régulière de la Septième Étape, nous pourrons établir avec notre Puissance supérieure une collaboration efficace oeuvrant à l'élimination des travers qui ont nui à notre rendement comme êtres humains. Plus nous acquerrons de cette humilité propre à la Septième Étape, de cette humilité qui nous libère de nos défauts, mieux Dieu pourra agir en nous.

C'est ainsi que nous serons en mesure d'aider les autres, et nous-mêmes; et nous verrons se réaliser dans notre vie les choses pour lesquelles nous nous sommes battus si fort par le passé : la certitude de pouvoir triompher de nos difficultés, un sentiment d'appartenance et d'amour, la joie de vivre, l'impression d'être utiles, l'estime de soi. Nos bien pauvres prières, faites avec des mots simples sont exaucées de manière inespérée dès que nous soumettons notre vie à l'action transformatrice de la puissance de Dieu. Nous découvrons alors que Dieu fait ce que nous, nous n'avons jamais pu faire pour nous-mêmes.

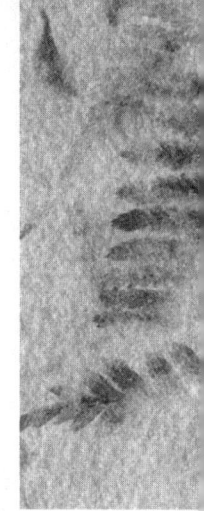

Nous avons dressé une liste de toutes les personnes que nous avions lésées et nous avons consenti à réparer nos torts envers chacune d'elles.

À l'époque où nous ne pouvions pas nous arrêter de manger, la nourriture nous obsédait au point de nous laisser bien peu de temps pour créer ou entretenir des liens avec les gens. Mais, alors, nous n'étions pas vraiment conscients de notre isolement. Certains avaient l'impression que tout s'arrangerait dès qu'ils auraient réglé la question de la nourriture. Pourtant, même après avoir cessé de manger compulsivement, nous avons généralement vu combien nos rapports défectueux avec les autres nous faisaient souffrir. Pour bon nombre d'entre nous, cette douleur était si grande que nous avons été tentés de retourner manger pour ne pas y faire face. Nous nous demandions bien pourquoi pratiquer l'abstinence si c'était pour souffrir; nous refusions cette solution-là.

Une chose est certaine : si nous voulons l'abstinence aussi bien que la sérénité, il faudra apprendre à mieux vivre avec les autres et transformer nos relations avec eux en source de plaisir plutôt qu'en cause de souffrance. C'est précisément l'objet de la Huitième Étape. En effet, cette méthode nous fait découvrir comment la conduite de nos relations avec notre entourage nous a toujours causé du mal et en a fait aux autres.

Bien sûr, nous ne pourrons échapper à la culpabilité en menant cette Étape, mais nous verrons à nous en débarrasser aussitôt. Car elle est aussi garante de libération, de douceur et de pardon : la Huitième nous apprend à nous pardonner et à pardonner aux autres. Plus encore, nous consentons à faire *amende honorable* pour nos erreurs passées, c'est-à-dire à *changer nos comportements et nos attitudes* avec nos proches.

La Huitième Étape comporte deux parties. D'abord, nous faisons par écrit la liste de toutes les personnes à qui nous avons fait du mal. Le choix des noms à retenir n'ira pas tout seul : souvent, nous ne savons pas très bien ce que veut dire « faire du mal à quelqu'un ». Fait étonnant, nous ne nous posons généralement pas ce genre de question quand il s'agit du tort qu'on nous a causé à nous! Nous le savons très bien! C'est un début, puisque nous pouvons ainsi nous faire une idée des gestes et des paroles qui blessent. Avons-nous eu de ces comportements à l'égard des autres? Si nous sommes honnêtes, nous constaterons, parfois avec surprise, que c'est bien le cas. Nous avons traité les autres exactement comme ceux qui nous avaient fait le plus souffrir.

Nous nous servons avec profit de notre inventaire moral (Quatrième Étape) pour établir la liste des personnes que nous avons lésées. Si cet inventaire a été dressé selon les règles, nous devrions y retrouver des indications précises sur les torts que nous nous rappelons effectivement avoir causés. Nous le relirons donc pour en tirer des noms, auxquels viendront s'ajouter ceux d'autres personnes à qui nous sentons devoir faire des excuses. Si nous n'avons plus le texte de notre inventaire, nous pouvons retourner au chapitre quatre et monter notre nouvelle liste de noms en appliquant la méthode d'examen de conscience proposée. Nous procéderons minutieusement, surtout à propos des questions relatives aux conséquences de nos défauts dans la vie des autres.

Bien souvent, nous nous sommes aperçus que notre propre nom devait figurer en tête de liste, ou presque… S'il est vrai que nous avons nui à d'autres, il est tout aussi certain que notre façon de vivre, nos préjugés et notre façon de manger ont été dommageables pour nous, ont contribué à nous détruire. Avec la Huitième Étape, nous avons vu que pour nous en tirer, il faut reconnaître sans réserve nos torts envers nous-mêmes, et nous pardonner.

Sur la liste figureront les noms de toutes les personnes auxquelles nous avons nui, même si ces gens nous ont blessés les premiers. La façon dont les autres nous ont traités compte peu dans la balance; il s'agit de **notre examen de conscience à nous** et nous y mettons toute l'honnêteté possible. Si nous avons causé du tort à quelqu'un, c'est tout ce qui importe : nous retenons son nom en indiquant la nature du mal que nous lui avons fait. Nous aurons intérêt à nous rappeler que l'objectif de la Huitième Étape n'est pas de faire le procès des autres, mais d'apprendre à pratiquer la générosité et le pardon.

Nous prendrons également soin de ne pas tomber dans l'autre extrême en inscrivant sur notre liste des noms qui ne devraient pas y figurer. Si, par exemple, une personne nous a fait mal ou a été injustement dure avec nous, il se peut très bien que nous ne l'aimions pas; nous nous ferons la faveur de lui pardonner, mais nous n'avons aucune raison de vouloir lui faire des excuses si, de notre côté, nous ne lui avons causé aucun tort. La Huitième Étape ne sert pas à accroître le bien-être intérieur des autres ni à les amener à nous aimer davantage; c'est pour nous que nous faisons cet effort, pour se rétablir de la compulsion alimentaire. Si nous avons du mal à faire la part des choses, nous demanderons conseil à notre parrain ou à notre marraine.

Une fois notre passé examiné et dès que nous sommes sûrs de l'exactitude de notre liste, il est temps d'attaquer la deuxième partie, la plus difficile des deux. Nous allons nous préparer à présenter nos excuses. Cette démarche nous effraie et nous humilie : de prime abord, nous ne voyons pas comment nous pourrons aller exposer nos torts devant ces gens-là, même si nous regrettons nos actes. Ce qui nous est demandé ne nous ressemble guère : depuis des années, nous fuyons la vérité, la souffrance et la honte en nous réfugiant dans la nourriture. Et voilà qu'il nous faut non seulement reconnaître nos erreurs, mais encore faire face à leurs conséquences... sans manger. Comment est-ce possible?

Notre parrain ou notre marraine ou même d'autres amis OA qui sont passés par là pourront certainement nous conseiller. S'il est une recommandation du programme OA que nous n'essaierons pas de mettre en pratique sans aide, c'est bien celle-là. D'abord, nous montrerons notre liste à notre parrain ou à notre marraine et nous parlerons de chacun des événements derrière les noms. Un outremangeur qui a l'expérience de la Huitième Étape est toujours en mesure de nous aider à voir clair dans la détermination des personnes à qui nous avons réellement fait du tort. De plus, quand quelqu'un nous donne des conseils sur la façon même de présenter nos excuses, nous avons beaucoup moins peur de passer à l'action. L'expérience le prouve : au fur et à mesure que nous cherchons avec un autre comment nous présenter et quoi dire, la difficulté nous paraît moins terrible. Nous nous sentons bientôt disposés à affronter les gens à qui nous avons nui, et capables de passer aux actes.

Lorsque nous préparons notre Huitième Étape, il arrive souvent que notre parrain ou notre marraine nous parle du pardon. Selon toute vraisemblance, tant que nous n'avons pas pardonné aux autres le mal qu'ils nous ont fait, nous sommes incapables de reconnaître nos propres torts et de nous excuser sincèrement. Dans ces cas-là, même celui ou celle qui a réussi à rassembler son courage pour aller faire amende honorable risque de ramener à la surface les torts de l'autre et de finir par l'attaquer au lieu de présenter des excuses. Si nous n'avons pas tout à fait pardonné, nous ne déterrerons peut-être pas les torts de l'autre, mais notre rancune ressortira obligatoirement.

Puisque la Huitième Étape implique le pardon, il convient ici de nous demander comment on pardonne.

D'ailleurs, nous avons presque tous entendu répéter depuis toujours qu'il faut pardonner à ceux qui nous font du mal, mais rarement nous a-t-on dit comment nous y prendre.

Même si cette opération nous paraît étrange, la première chose à faire est d'écrire pourquoi nous en voulons à telle ou telle personne. Pourquoi? Parce que l'écriture – dans ce cas, l'outil de rétablissement par excellence – va nous faire du bien et nous libérer en nous mettant en contact avec nos sentiments. L'écriture permet d'identifier des sentiments flous, refoulés souvent depuis des années. De plus, en mettant nos rancunes sur papier, noir sur blanc, nous leur donnons une espèce de territoire propre. Que nous écrivions dix lignes ou dix pages, deux minutes ou deux heures, nous nous rendons compte à un certain moment qu'il y a une fin à l'exercice comme il y a une limite à notre peine. Nous voyons notre souffrance à sa vraie dimension, limitée. Si elle a eu un commencement, elle aura aussi une fin.

Très souvent, nous voulons relire notre rédaction avec notre parrain ou notre marraine ou, du moins, avec une personne tout à fait étrangère aux situations décrites. D'autres outremangeurs mettent cette espèce de journal intime de côté pendant quelques jours avant d'y revenir. Souvent, avec le recul, nous sentons que le souvenir de ces événements précis suscite en nous des sentiments beaucoup moins douloureux qu'au moment où nous avions dressé notre liste. Enfin, certains posent un geste symbolique en brûlant leur papier ou en le déchiquetant.

Si jamais nous en voulons encore à la personne qui nous a fait mal, il nous reste une autre arme puissante contre le ressentiment : la prière. Tous ceux qui pratiquent les Douze Étapes depuis longtemps savent bien que la prière aide à pardonner même les blessures les plus douloureuses. En priant pour ceux qui nous ont déchirés, en priant pour eux chaque jour, en demandant à Dieu de les combler de toutes les grâces que nous souhaitons pour nous-mêmes, nous serons libérés de notre rancœur et de nos ressentiments. Et cette méthode portera ses fruits même si nous ne croyons pas un seul mot de ce que nous demandons à Dieu. Mais si nous persistons à croire en notre démarche, la prière finira tôt ou tard par nous délivrer de nos mauvais sentiments. C'est alors que notre prière deviendra sincère; du moment que nous prierons Dieu de veiller sur nos ennemis d'autrefois, nous saurons qu'enfin, nous ne leur en voulons plus.

Pardonner, nous nous en apercevons, c'est ne plus nous opposer à vouloir faire des excuses. Bien entendu, nous ne voudrons peut-être pas pour autant immédiatement passer à l'action. En effet, notre ego est durement mis à l'épreuve dans cet exercice. Parfois, c'est vrai, nous avons bien hâte de revoir ceux envers qui nous avons eu des torts pour en parler franchement avec eux. Cependant, nous ne devons pas oublier que nous pouvons aussi être d'accord pour agir, mais n'avoir pas vraiment envie de le faire.

Nous ne devons pas nous y tromper : il faut passer par là et faire les excuses qui s'imposent. D'ailleurs, les

OA qui nous ont précédés sur la voie des Étapes savent bien que sans la Huitième et la Neuvième Étapes, le rétablissement est impossible. Convaincus qu'ils ont raison, nous nous tournons de nouveau vers Dieu pour obtenir le courage d'affronter ce que nous redoutons : faire amende honorable. Si notre prière est sincère, nous nous sentirons prêts à passer à l'Étape suivante, la Neuvième.

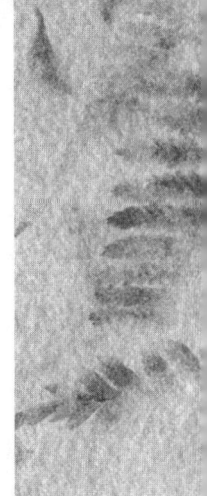

NEUVIÈME ÉTAPE

*Nous avons réparé nos torts directement
envers ces personnes dans la mesure
du possible, sauf lorsqu'en ce faisant,
nous risquions de leur nuire
ou de nuire à d'autres.*

S'il y a une Étape dont les résultats ont étonné les membres OA, c'est bien la Neuvième. Avant de nous y mettre, la peur nous paralysait à l'idée d'aller trouver chacune des personnes envers qui nous avions des torts pour reconnaître nos erreurs et ensuite réparer les dommages causés par notre faute. Ceux qui craignaient le plus cette démarche sont aujourd'hui ceux qui en vantent le plus les mérites. La Neuvième Étape agit miraculeusement en nous débarrassant du fardeau de nos erreurs passées. Elle change littéralement notre vie; grâce à elle, nous renouons les liens autrefois brisés et nous nous défaisons des ressentiments qui nous empoisonnaient l'existence depuis des années.

Lorsque nous faisons part de nos craintes aux membres qui ont l'expérience de la Neuvième Étape, nous entendons généralement parler des avantages de cette démarche. Mais leurs propos ne suffisent pas toujours à nous rassurer et nous préférons souvent remettre l'opération à plus tard. Comme nos amis OA nous le disent, nous risquons alors de ne plus vouloir avancer et, par conséquent, de compromettre dangereusement nos chances de mater notre compulsion alimentaire. Nous devons profiter de cette bonne volonté que nous avons affirmée au moment de l'Étape précédente pour passer à l'action le plus vite possible.

Toutefois, nous ne devons pas nous précipiter ni agir étourdiment. À ce sujet, l'énoncé de la Neuvième Étape est très clair : il nous met en garde contre le risque de causer plus de mal que de bien au cours de ces face-à-face où nous ramènerons des souvenirs pénibles à la mémoire des intéressés. Conscients de ce danger, avant de passer aux excuses, les OA préfèrent souvent prendre conseil auprès de quelqu'un qui comprend bien les Douze Étapes. Selon toute vraisemblance, nous aurons commencé à parler de notre projet d'amende honorable à l'occasion de l'Étape précédente, mais il s'agit maintenant de ne laisser subsister aucun doute, de ne laisser aucune question sans réponse. Pour chacun des cas, nous allons d'abord faire part de ce que nous avons l'intention de dire et de faire, à une personne qui non seulement est plus expérimentée que nous mais est également détachée de la situation.

Notre parrain ou notre marraine ne manqueront sans doute pas de nous rappeler l'objectif premier de la Neuvième Étape : en finir avec notre culpabilité et nos rancunes pour améliorer la qualité de nos rapports avec ceux que nous avons dérangés. Dans la plupart des cas, nous ne pourrons pas nous contenter de présenter des excuses. Faire amende honorable signifie en effet : identifier et reconnaître nos torts précis, exprimer nos regrets, prendre les mesures compensatoires appropriées et adopter une nouvelle attitude envers ceux que nous avons lésés.

Avant d'entreprendre concrètement la Neuvième Étape, nous devons renoncer à tout ce qui pourrait ressembler à des attentes face à la réaction des autres. Dans la plupart des cas, nous serons bien mieux reçus que nous ne l'aurions imaginé. Certaines personnes auront même complètement oublié le tort que nous leur avons causé. D'autres refuseront toute compensation de notre part. D'autres encore – mais c'est exceptionnel – ne voudront rien entendre. Dans ces cas-là, nous partirons sans amertume ni déception. D'ailleurs, nous n'avons aucun pouvoir sur la réaction de ceux à qui nous allons présenter nos excuses. Si ces personnes ont décidé de nous en vouloir jusqu'à leur mort, c'est leur droit. Pas plus qu'elles ne sont obligées de nous accorder leur pardon, pas plus nous n'avons besoin de leur absolution pour faire notre Neuvième Étape et nous rétablir. Notre seule obligation est de montrer de la bonne volonté en faisant tout en notre pouvoir pour réparer nos torts. Alors, nous n'avons plus à éprouver ni culpabilité ni colère.

Pour mener à bien notre Étape, nous devons absolument être sincères; il nous faut aussi aller droit au but avec les personnes à qui nous venons exprimer nos regrets. Il est toujours tentant de parler du passé en termes vagues et ainsi laisser dans l'ombre des événements précis et des éléments peu flatteurs pour nous. Dans certains cas, peu nombreux, il n'y a pas d'autre façon d'aborder les intéressés. Cependant, et de manière générale, s'excuser en termes flous cache une absence de sincérité. Il nous faut garder présente à la mémoire la condition principale d'une Neuvième bien faite : présenter aux victimes de nos erreurs passées des excuses sincères portant sur des situations précises.

Nous nous efforcerons également de rester aussi simples que possible dans notre façon de nous exprimer, pour ne pas risquer de nous empêtrer dans des détails dont l'évocation pourrait être une nouvelle cause de souffrance pour l'autre. Nous ne ramènerons pas davantage au jour ce que la personne a pu faire pour nous provoquer, même si les torts de l'autre nous semblent encore plus graves que les nôtres. Rappelons-nous qu'en Huitième Étape nous avons pardonné les fautes commises à notre endroit; il s'agit maintenant de parler de ce que **nous** avons fait **à l'autre** et d'exprimer nos vrais regrets. Nous ne faisons pas de drame et nous n'essayons pas de nous justifier ni de reconstituer dans le détail les circonstances où nous avons mal agi. Notre démarche pourrait ressembler à quelque chose comme : « *Voilà, M. Poirier, j'ai pris de l'argent dans le tiroir-caisse quand je travaillais pour vous. Je viens vous dire combien je regrette de vous avoir volé.* » Ce pourrait aussi être : « *Je me rends compte, Martine, que je passais mon temps à te critiquer. Ce n'était pas justifié de ma part, et je viens m'en excuser.* »

Généralement, nous devrons aller encore plus loin que la simple expression de nos regrets. Nous expliquerons à ceux que nous avons lésés comment nous entendons changer les choses et réparer nos torts. Nous leur ferons voir combien nous sommes heureux de pouvoir nous amender. Dans les cas où nous avons causé des dommages physiques ou matériels à des personnes ou à des biens, et dans les circonstances où nos actions ont entraîné des dépenses indues, nous prendrons les dispositions pour payer ou rembourser ce que nous devons, immédiatement ou à plus long terme. Si nous avons menti au sujet de quelque chose ou de quelqu'un, il nous faut rétablir la vérité... dans la mesure, bien entendu, où nous n'allons pas de nouveau nuire à qui que ce soit.

Il y a dans le verbe **amender** l'idée d'amélioration et de changement. Pour nous, cela signifie que pour avoir vraiment fait amende honorable, nous devons avoir décidé de ne plus agir comme autrefois. Cette condition est particulièrement importante en ce qui concerne nos comportements envers nous-mêmes et envers nos proches qui ont constamment eu à subir les effets de notre caractère. À ceux qui nous entourent, nous devons des excuses « actives », c'est-à-dire que, dans leur cas, notre nouvelle attitude aura beaucoup plus de poids que toutes nos belles paroles. D'ailleurs, si nous nous contentions de mots tout en continuant à blesser les gens, nos chances d'améliorer nos rapports avec eux seraient bien minces. Nous n'aurons réparé nos torts passés envers nous-mêmes et envers ceux que nous aimons qu'en acceptant de changer à long terme nos façons de penser et nos façons d'agir.

Voilà ce que nous nous efforcerons honnêtement de faire. Notre liste ne manquera pas de porter des noms de personnes non joignables. S'il nous est impossible de faire immédiatement les excuses qui s'imposent, rien ne nous empêche cependant de commencer à les préparer. Par exemple, pourquoi ne pas mettre par écrit ce que nous dirions si nous étions en mesure d'exprimer notre repentir? Par écrit aussi, nous reconnaîtrons nos torts et nous décrirons comment nous avons l'intention de nous amender. Si nous sommes fidèles aux principes du mode de vie, nous continuerons à chercher ceux à qui nous avons fait du mal, avec l'intention bien arrêtée de leur faire part de nos regrets dès que possible. D'ailleurs, nous avons pu constater combien souvent les gens figurant sur notre liste réapparaissaient dans nos vies, contre toute attente.

Il faut aussi penser aux personnes décédées. Ici, nous allons procéder indirectement. Pourquoi, par exemple, ne pas écrire ce que nous aurions dit à chacune? Cela nous soulagera. Certains vont lire la lettre en question à haute voix dans un lieu qui leur rappelle la personne disparue. Comment réparer les dommages causés? Divers moyens s'offrent à nous : faire un don à un organisme se vouant à une cause importante pour notre victime d'autrefois, apporter une aide quelconque à un de ses proches, etc.

Chaque situation exige une démarche particulière. C'est à nous de juger. Par exemple, il y a des circonstances où nous ne pouvons pas agir directement sans risquer de blesser un tiers. Cela se vérifie notamment dans les cas de relations amoureuses extra-maritales; nous n'irons avouer notre conduite que si nous sommes absolument certains que le conjoint de notre partenaire est informé de l'affaire.

Nous avons intérêt à nous rappeler que la Neuvième Étape porte **sur nos actes** (ou sur notre négligence à agir là où il l'aurait fallu) et **non pas sur nos sentiments.** Nous nous retiendrons donc d'aller voir quelqu'un pour nous excuser de l'avoir détesté pendant des années; cet aveu ne peut que faire de la peine à l'autre. La seule façon de compenser pour des années de haine ou de jalousie, c'est de les remplacer par des années d'acceptation de l'autre, de respect et d'amour.

Il y a aussi les circonstances où, sous peine de blesser des personnes tout à fait étrangères à l'incident en cause, nous devrons agir dans le plus strict anonymat. Il faut bien nous garder cependant de choisir cette voie simplement pour éviter de nous retrouver dans une situation gênante. **Ménager notre amour-propre ou nous mettre à l'abri d'ennuis financiers** sont des prétextes inacceptables quand il s'agit de la Neuvième Étape. Essayer de nous soustraire à la nécessité de faire amende honorable peut nous priver en grande partie de la libération inhérente à une Neuvième Étape conduite avec application. Ici, nous esquiver, c'est nous nuire plus que nous protéger.

Si nous avons vraiment l'intention de mettre de l'ordre dans nos relations inharmonieuses avec les autres, nous allons tout mettre en œuvre pour réparer nos torts. Cela ne se fera évidemment pas sans douleur, mais tous ceux qui sont passés par là affirment que les résultats dépassent largement l'effort consenti.

Une fois terminée l'opération amendes honorables, nous nous sentons généralement plus près que jamais de notre Puissance supérieure. Parce que nous avons traité tout notre entourage avec amour, nous voilà réellement sur la voie spirituelle. Parce que nous avons tout fait pour redresser nos torts, nous sommes désormais en paix avec le monde et capables d'envisager l'avenir avec espoir et confiance. Nous n'avons plus besoin de manger comme avant : notre nouveau mode de vie prend désormais soin de notre nourriture, sur les plans physique, émotif et spirituel.

À partir de maintenant, il s'agit pour nous de continuer notre route en suivant les indications de nos trois dernières Étapes.

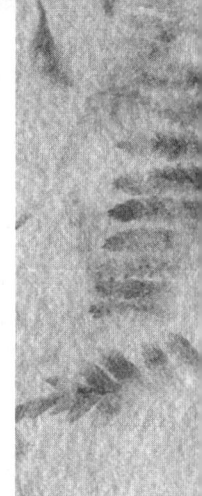

Nous avons poursuivi notre inventaire personnel et promptement admis nos torts dès que nous nous en sommes aperçus.

Quand ils arrivent au Mouvement, bien des outremangeurs cherchent depuis des années une solution à court terme à leur compulsion permanente. Pour leur part, les Outremangeurs Anonymes promettent à ceux qui souffrent un remède à long terme contre cette terrible maladie, et c'est notamment à cause de cet engagement que nous restons chez les OA. Mais que faut-il entendre par « remède à long terme »? Si nous retournons à notre petit livre de méditation *Aujourd'hui*, nous lisons, page 204, cette pensée de George Santayana : *La répétition est la seule forme de permanence que connaisse la nature.* Cette vérité s'applique aussi à nous; jour après jour, nous devrons refaire les mêmes démarches, poser encore et encore les gestes appris chez les OA, et qui, jusqu'à maintenant ont été pour nous une source de réconfort.

En pratiquant les neuf premières Étapes, nous avons commencé à vivre d'une façon tout à fait nouvelle qui doit nous sortir des affres de la compulsion et nous faire connaître une vie normale, des comportements normaux face à la nourriture. Si le principal effet de ces Étapes a été de nous débarrasser des débris de notre passé, elles ont aussi contribué à nous donner des modèles de vie pour l'avenir. En nous y conformant, nous connaîtrons une vie saine et heureuse; nous pourrons ainsi progresser spirituellement et, tout cela, sans manger excessivement. La Dixième Étape est une invitation à mettre quotidiennement en pratique nos nouveaux principes de vie; c'est une méthode de rétablissement continu.

Continu... continuer. **Continuer,** synonyme de **poursuivre.** Et la Dixième Étape nous dit : **poursuivre** notre inventaire... En entendant ce verbe, nous soupçonnons que la persévérance va incessamment s'imposer comme un des principaux facteurs de notre programme de rétablissement. Par le passé, nous nous sommes acharnés à nous détruire par la nourriture ou autrement. Désormais, nous mettrons la même détermination à pratiquer le mode de vie, même lorsque nous aurons l'impression que le programme ne marche pas et que les résultats ne sont pas rapides. Avec le temps, sans relâche, l'entêtement ainsi dirigé et compris se transformera en persévérance, en cette persévérance à mettre en œuvre dans notre vie les principes proposés par les Étapes, surtout par les six précédentes (de la Quatrième à la Neuvième).

Prenons la Quatrième Étape. Nous y avons appris à faire l'inventaire de notre vie, à nous voir tels que nous sommes, avec nos points forts et nos points faibles. La Dixième Étape est la poursuite quotidienne de cet exercice. En la répétant chaque jour, nous pourrons reconnaître et éliminer les émotions comme la peur, l'insécurité, la colère ou l'apitoiement qui nous font souffrir et nuisent à notre progrès spirituel.

Personne n'échappe à ces émotions et, pour notre part, nous avons constaté que les nier ou essayer de les chasser par la force ne fait qu'aggraver la situation. Grâce à la Dixième Étape, nous identifions nos émotions et les souffrances qui les accompagnent; ceci fait, nous laissons porter en les remettant entre les mains de notre Puissance supérieure. Nous sommes alors en mesure de retrouver un certain équilibre émotif.

Les Étapes qui vont de la Cinquième à la Neuvième nous ont fait sortir de notre isolement en nous amenant à parler de nous avec les autres et avec notre Puissance supérieure. Presque tous, nous avions jusque là essayé de nous en tirer sans aide. Les Étapes nous ont fait découvrir l'aide compatissante que nous procuraient l'amour des autres et celui d'une puissance qui nous dépasse. Désormais, nous voulons renforcer ces liens : la Dixième Étape nous en offre le moyen.

L'inventaire quotidien peut prendre diverses formes. Le plus simple est de procéder mentalement. Pour certains membres, cette pratique est devenue tellement habituelle que c'est presque une seconde nature. Nous pouvons faire des inventaires ponctuels dès que surgit une difficulté; du moment que les choses semblent se compliquer, il suffit de nous arrêter quelques secondes pour réfléchir tranquillement. La pratique aidant, nous voyons de plus en plus vite la nature exacte du problème en cause de même que les mesures à prendre pour retrouver notre sérénité. Ces mesures, nous voudrons les mettre en œuvre le plus tôt possible.

Pendant cette réflexion, nous nous demanderons si nous ne sommes pas en train d'essayer de régler par nous-mêmes quelque aspect de notre vie, c'est-à-dire si nous n'avons pas oublié notre Troisième Étape et la décision que nous avions alors prise. Notre inventaire *ad hoc* nous amènera peut-être à consulter notre parrain ou notre marraine; il peut tout aussi bien nous faire prendre conscience de la nécessité de demander à Dieu de nous libérer d'un certain défaut ou nous faire réaliser que nous avons nui à quelqu'un et devons maintenant faire amende honorable.

Si nous commençons à pratiquer ces inventaires « instantanés », nous en prendrons vite l'habitude. Nous découvrirons combien ces petits examens de conscience et le fait de passer immédiatement à l'action nous rendent la vie plus intéressante et agréable.

Là où la situation exige un inventaire plus détaillé, nous avons intérêt à procéder par écrit. Mettre sur papier nos émotions et nos sentiments ou encore faire la description d'un incident qui nous trouble peut, mieux que le simple fait d'en parler ou d'y penser, nous aider à comprendre nos réactions ou nos comportements. Avec une Dixième écrite, nous voyons clairement nos difficultés et même les mesures correctives appropriées.

Dans le Mouvement, plus d'un membre passe systématiquement en revue ses dernières vingt-quatre heures. Ce retour minutieux sur les événements et sur les émotions de la journée – ici, on travaille plus posément dans le cas d'un inventaire instantané – peut se faire mentalement. Le but de l'opération est de mettre en évidence ce qui nous donne le plus de mal dans la conduite de notre vie quotidienne et de nous aider à trouver des solutions pour nous faciliter la tâche. L'inventaire quotidien fait aussi ressortir les points positifs de notre vie et, de ce fait, nous inspire, ou devrait nous inspirer, de la gratitude.

On peut utiliser diverses formules : certains repassent simplement les événements importants de la journée, dans l'ordre où ils se sont présentés, en essayant d'identifier les émotions qu'ils ont provoquées. D'autres font un véritable bilan quotidien, en inscrivant le positif – événements et émotions – d'un côté et le négatif de l'autre. Une autre méthode consiste à travailler à partir d'une liste préétablie des défauts les plus courants chez les outremangeurs, et des qualités opposées. Ainsi, une des rubriques sera *peur/confiance* ou *foi*, une autre *rancune/pardon*, une autre *mesquinerie/générosité*.

On peut passer à travers la liste en se posant des questions comme : « Est-ce que j'ai eu peur de quelque chose aujourd'hui? Quand? Ai-je donné suite à ma peur? » De la même façon, nous notons les occasions où nous avons pu constater la disparition d'un ancien défaut, par exemple celles où nous avons montré notre confiance en la vie, notre foi, notre acceptation des choses; les circonstances où nous avons passé l'éponge, où nous avons pensé aux autres autant qu'à nous. Bref, nous passons en revue tous les moments positifs de la journée.

Grâce à l'inventaire quotidien, nous comprenons toujours davantage nos émotions et les réactions qu'elles engendrent. En faisant régulièrement cet examen, nous tirons des leçons de nos erreurs, bien sûr, mais nous en tirons aussi de nos bons coups. L'objectif de l'exercice n'est certainement pas de nous bouleverser ou de nous culpabiliser; au contraire, c'est de nous faire mesurer les progrès réalisés depuis le début pour nous inciter à rester sur la voie.

La Dixième Étape dit aussi : « *[...] et admis nos torts dès que nous nous en sommes aperçus.* » Une fois que nous avons vu nos erreurs – c'est la première partie de l'Étape – nous pouvons les reconnaître.

Nous avons donc fait notre inventaire du jour, aligné nos qualités et nos faiblesses. Nous pouvons aller plus loin et nous en occuper exactement comme nous l'avons fait avec nos défauts et nos qualités au moment de notre Quatrième Étape. C'est la significa-tion de : *[...] et admis nos torts dès que nous nous en sommes aperçus.* » Nous en parlerons à notre Puissance supérieure et, peut-être, à un autre être humain; nous remettrons nos erreurs entre les mains de Dieu en Le priant de nous en défaire; enfin, nous ferons amende honorable quand il le faut.

Une pratique assez répandue consiste à appeler notre parrain ou notre marraine pour lui faire part des résul-tats de notre inventaire quotidien. Nous pouvons tout aussi bien, nous l'avons vu, nous adresser à Dieu. Ainsi, jour après jour, nous Le prions de nous aider à renoncer à nos défauts et nous Le remercions d'avoir apporté de l'amélioration dans notre vie en nous enlevant certaines de nos déficiences et en réglant certaines de nos difficultés. Ne nous faisons pas d'illusion : il nous arrivera encore de nous tromper et de traiter les gens injustement. La Dixième Étape nous recommande d'agir dès que nous nous rendons compte de notre erreur. Cette démarche imprègne nos rapports avec les autres d'une nouvelle transparence tout en nous évitant de nourrir des ressentiments pénibles et de vivre dans la peur pendant des jours. En réparant nos maladresses sur-le-champ, nous empêchons la situation de s'envenimer.

La Dixième Étape peut nous servir à faire plus qu'un examen rapide et prendre la forme d'une Quatrième consacrée à des déficiences qui avaient échappé à notre premier inventaire. Revenir sur certains aspects de notre passé ne signifie pas que notre Quatrième Étape n'a pas été bien faite, mais, au contraire, c'est la preuve d'une nouvelle lucidité et de notre décision de regarder bien en face, et de régler, des difficultés qui auparavant nous dépassaient.

IMPORTANT : Nous prendrons bien soin de ne pas nous comparer à qui que ce soit, car chacun de nous est réellement unique et a des besoins tout à fait particuliers; tout le monde ne travaille pas au même rythme ni de la même façon.

Une Dixième spéciale peut aussi porter sur un défaut précis, une attitude ou une réaction habituelle ou sur un domaine particulier de notre vie. Pour ce genre d'inventaire, nous préférerons sûrement procéder par écrit – comme pour une Quatrième, et prendre rapidement les mesures qui s'imposent. Le plus vite possible aussi, nous partagerons les découvertes de notre inventaire avec quelqu'un d'autre. Évidemment, nous reviendrons aux Sixième et Septième Étapes pour demander à Dieu de s'occuper de nous et des faiblesses que nous avons mises au jour et pour Le prier de nous aider à nous améliorer. Nous essaierons ensuite de voir si, compte tenu de ce que nous a révélé notre inventaire, nous ne devons pas des excuses à quelqu'un. Si oui, nous agirons en conséquence.

À partir de maintenant, nous devons nous efforcer sans relâche de renoncer à nos déficiences : autrement, le rétablissement est impossible. Puisque nos inventaires successifs nous ont rendus conscients de nos faiblesses, nous sommes plus qu'avant en mesure de les corriger. Les moyens ne manquent pas. Nous pouvons par exemple essayer de nous représenter comment nous agirions si nous n'avions pas tel ou tel défaut. Pourquoi ne pas nous remémorer ce que nous avons fait, puis chercher à imaginer ce qui ce serait passé si nos défauts n'avaient pas fait surface? Rappelons-nous que tout ce qui est à la portée de notre imagination est réalisable, avec le secours de notre Puissance supérieure. La nouvelle situation, nous pouvons très bien la reconstituer en la jouant ou en prononçant les mots que nous aurions aimé dire dans les circonstances. Question de s'habituer... Faire cela chaque jour, c'est comme nous répéter que nous pouvons changer et, qu'effectivement, nous nous améliorons, avec l'aide de Dieu. Au début, nous ne pourrons pas éviter de retomber dans nos habitudes, surtout dans les moments de forte tension, mais cela ne doit pas nous décourager. Rappelons-nous que nous avons mis toute notre vie à assimiler nos anciennes façons de réagir; les premiers temps, elles nous reviennent naturellement. Avec le temps et grâce à Dieu, nos déficiences seront remplacées par des idées et des réactions saines. Nous pouvons compter sur Dieu dans la mesure où nous persévérons, où nous cherchons à tout mettre en œuvre pour changer.

Notre Dixième Étape, à l'instar de la Quatrième, va peut-être faire ressortir des problèmes reliés à notre passé et exigeant une intervention professionnelle. En face de graves difficultés psychologiques, la solution doit être cherchée ailleurs qu'auprès de nos amis OA; malgré tout leur amour et toute leur compassion, ils n'ont pas toujours la compétence nécessaire pour nous aider.

La pratique quotidienne de la Dixième Étape nous fait entrevoir la paix résultant de la mise en application de toutes les Étapes. Désormais, regarder honnêtement nos difficultés pour les confier à une force plus grande que la nôtre est pour nous une seconde nature; c'est désormais une attitude quotidienne, celle qui est à la base de tous nos choix. En fait, revenir immédiatement sur notre façon d'agir, laisser notre Puissance supérieure s'occuper de notre vie, chercher de l'aide au besoin et promptement admettre nos torts, tout cela constitue une ligne de conduite bien plus normale, et bien plus satisfaisante, que ce que nous avions autrefois connu : la peur et son cortège de ressentiments.

Au début, nous nous sentions forcés d'adopter le

mode de vie OA pour sortir de notre compulsion. Aujourd'hui, cependant, nous sommes heureux d'avoir découvert le programme et de vivre selon ses principes. Nous en avons retiré bien des avantages et, ces avantages, nous ne les troquerions pas contre la solution miracle que nous pensions autrefois trouver dans chacun de nos nouveaux régimes.

Mais le mode de vie OA nous offre encore plus. Nous le découvrirons sur la voie des Étapes, sur la voie du rétablissement permanent, jour après jour, un jour à la fois.

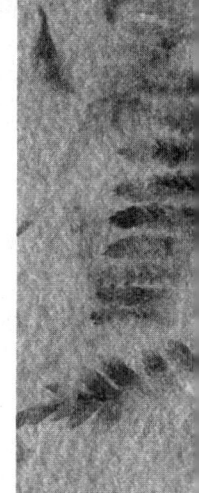

*Nous avons cherché par la prière et la
méditation à améliorer notre contact
conscient avec Dieu tel que nous
Le concevions, Lui demandant seulement
de connaître Sa volonté à notre égard et
de nous donner la force de l'exécuter.*

À nos premières réunions OA, nous aimions surtout l'acceptation inconditionnelle que nous sentions dans l'air; cette même forme d'amour nous a tous soutenus dans les Étapes et face aux transformations qu'elles ont apportées dans notre vie. Nous en sommes maintenant à la Onzième Étape, et celle-là nous invite à communiquer consciemment et directement avec la source de cet amour capable de changer une existence.

Les OA ont la conviction que chacun peut se rétablir grâce au contact spirituel avec une force qui le dépasse. Nous sommes tous d'accord sur ce point, mais nous ne disons à personne ce que doit être cette Puissance supérieure. Chacun décide pour lui-même et, bien souvent, les membres en parlent tout simplement comme de « **ma** Puissance supérieure ».

Les nouveaux ne comprennent pas d'emblée la notion de « Puissance supérieure ». Par contre, pour les membres qui cheminent à travers les Étapes depuis un certain temps, l'expression évoque, entre autres, l'idée d'un choix tout à fait personnel. Cette liberté si chère aux outremangeurs nous permet d'entrer directement et facilement en contact avec notre Puissance intérieure, puisque c'est nous qui la définissons. Nos rapports avec elle seront constants; ils évolueront : notre rétablissement en dépend. Rien en ce domaine ne nous est imposé, et pour les outremangeurs, c'est un aspect capital du programme.

En dépit de toute son importance, cette liberté en matière de choix spirituel ne suffit pas. Il faut aussi passer à l'action. C'est la proposition de la Onzième Étape; celle-ci nous suggère de chercher sincèrement à améliorer notre relation avec notre Puissance supérieure, exactement de la même façon que nous cultivons nos rapports avec les gens, c'est-à-dire en prenant le temps qu'il faut, et régulièrement. De façon générale, les membres préfèrent garder pour ce moment privilégié une période déterminée de la journée où ils peuvent profiter d'un peu de solitude et de silence. Ce temps d'arrêt, nous le consacrons à approfondir notre contact avec notre force intérieure. Nos outils sont la prière et la méditation; dans une attitude de confiance totale, nous demandons seulement d'être inspirés, et capables d'agir dans le sens de nos inspirations.

L'idée de la prière quotidienne pourra nous paraître étrange au début. La Onzième Étape nous incite à cet **exercice** quotidien, nous invite à parler chaque jour à notre Puissance supérieure, même s'il arrive des moments où nous n'y croyons absolument pas. Mais, invariablement, ceux qui ont décidé de consacrer tous les jours quelques instants à la prière et à la méditation ne l'ont jamais regretté et ont même été très étonnés des résultats. Aujourd'hui, nous sommes nombreux à affirmer que les minutes consacrées chaque jour à la prière et à la méditation font désormais partie intégrante de notre vie; ils sont même essentiels, et nous n'y renoncerions pour rien au monde puisque nous y puisons la force et l'inspiration nécessaires pour bien vivre chacune de nos journées. Certains pratiquent ces exercices spirituels dès le lever et les reprennent avant de s'endormir; ils reviennent aussi à la prière et à la méditation dans la journée pour y trouver le courage, la motivation ou la sérénité qui leur font défaut.

Il faut bien le comprendre : la Onzième Étape ne nous demande pas d'abandonner ni même de modifier nos pratiques religieuses habituelles. Au contraire, la mise en œuvre de la Onzième Étape favorise notre ferveur religieuse. Mais il doit être bien clair aussi que ni cette Étape ni les autres ne s'inscrivent dans **aucune** religion constituée.

Nous le savons désormais : il n'existe pas de prescription sur la façon d'appliquer les Étapes. La Onzième Étape n'échappe pas à la règle, ou plutôt à cette absence de règle. « Simplicité », voilà le seul mot d'ordre. Tout ce que nous cherchons par la Onzième Étape, c'est intensifier notre contact conscient avec Dieu. Alors, pour nous, prier, c'est simplement parler à notre Puissance supérieure; méditer n'est rien d'autre que de faire taire nos pensées pour devenir réceptifs à la volonté de Dieu pour nous.

Mais que devons-nous dire à Dieu dans nos prières? Ce qui nous vient à l'esprit. Certains membres

ont commencé par réciter des textes qu'ils connaissaient par cœur à force de les avoir entendu répéter
dans les réunions, de les avoir lus dans des publications
OA ou autres ou du fait de les avoir appris à l'école ou
à la maison. Les belles prières ne manquent pas; il en
existe de merveilleuses qui depuis des siècles ont fait les
délices de ceux qui cheminent sur la voie spirituelle.
Reprendre ces grands textes jour après jour en
essayant de voir leur signification concrète dans notre
vie quotidienne, c'est déjà commencer à méditer, même
si nous ne nous en rendons pas vraiment compte. En
effet, nous concentrer sur les vérités que renferment ces
textes spirituels, c'est nous préparer à voir la vie
autrement et nous rendre accueillants à l'inspiration
divine.

Il n'y a pas que les prières toutes faites. Il est tout à
fait correct de nous adresser à Dieu dans nos mots de
tous les jours comme nous le ferions avec une sœur ou
avec notre meilleur ami. Désormais – peut-être con-
trairement à ce qu'on nous a appris – nous parlons à
Dieu sans contrainte. D'ailleurs, cette liberté totale est
une des conditions de notre rétablissement; elle seule
nous permet d'exprimer honnêtement nos émotions et
nos sentiments, quels qu'ils soient. Jamais nous ne
devons penser que Dieu recevra mal nos propos ou
nous en aimera moins. Nous le disons une fois encore,
la confiance est capitale dans notre processus de rétablissement, celui-ci reposant sur notre totale honnêteté
envers nous-mêmes et envers notre Puissance
Supérieure. Nous ne pouvons pas non plus nous passer

de la certitude de toujours pouvoir compter sur la source intérieure qui nous fortifie et nous console sur le chemin difficile de l'honnête recherche de soi.

Que nous recommande la Onzième Étape à propos de la prière? Simplement de demander à Dieu de nous *faire connaître Sa volonté à notre égard et de nous donner la force de l'exécuter.* Puisque nous avons déjà confié notre vie et notre volonté à notre Puissance supérieure, nous ne voyons d'ailleurs pas comment nous pourrions maintenant passer notre temps à Lui donner des directives sur la façon de conduire notre vie. Devons-nous comprendre que nous écarterons de nos prières l'expression de tous nos besoins, de nos désirs, de nos émotions, de nos peurs, que nous ne pourrons jamais y faire mention de nos difficultés? Pas le moins du monde : si nous voulons entretenir avec notre PS une relation dynamique, nos prières porteront sur tout ce qui nous concerne et nous préoccupe. La différence, c'est qu'au lieu de demander à Dieu d'arranger les choses à notre manière, nous Le prions de rendre notre volonté conforme à la Sienne.

Dans nos efforts pour prier et établir ainsi des rapports profitables avec notre Puissance supérieure, il y a toujours des moments où nous sentons monter notre colère contre Dieu. Peut-être dans les mêmes circonstances essayions-nous autrefois de nous cacher ce sentiment et de le dissimuler à Dieu lui-même. La réaction de certains est d'abandonner la pratique de la prière. Ni l'une ni l'autre de ces attitudes ne sont d'un grand secours. La solution : rester en contact avec

Dieu et lui exprimer clairement notre mécontentement. Qu'arrive-t-il alors? La rage passe pour laisser place à l'inspiration divine et, finalement, nous constatons que cette expérience apparemment négative nous a rapprochés de notre Puissance supérieure.

Une pratique courante – et, semble-t-il très efficace – chez les OA consiste à écrire à Dieu pour Lui faire part de nos difficultés, y compris de notre ressentiment envers Lui. Plus avance notre rédaction, plus la situation ou la difficulté se précise, et nous arrivons à exprimer nos vraies émotions. De plus, écrire à Dieu, c'est communiquer avec notre PS d'une façon éminemment concrète, c'est sentir Sa présence. Tout le monde ne s'y prend pas de la même façon pour faire parvenir son courrier à Dieu : certains adressent leur lettre à leur parrain ou à leur marraine, d'autres la classent dans un dossier intitulé, par exemple, **Affaires relevant de Dieu**, alors que d'autres ont recours à des moyens quelque peu symboliques comme la brûler, la confier au gré du vent ou la jeter à la mer. Admettons-le, à première vue, cela semble puéril, mais il faut bien reconnaître que toutes ces méthodes donnent incontestablement des résultats! Elles relèvent toutes du même principe **essentiel** : nous avons cessé de nous inquiéter à propos de tout et de rien et nous sommes passés à l'action en remettant à notre Puissance supérieure le soin de régler nos problèmes. Délivrés des rancoeurs et des inquiétudes qui rongeaient toute notre énergie, rien ne nous empêche plus d'aller de l'avant, d'exécuter la volonté de Dieu à notre égard.

Et maintenant, la **méditation**. Méditer, c'est faire taire notre mental pour prendre contact avec notre Puissance supérieure et, ainsi, La connaître toujours davantage. Comme dans le cas de la prière, il n'existe pas de méthode de méditation meilleure que d'autres. En fait, chacun médite à sa façon, qui peut varier suivant les circonstances. La seule mauvaise méditation est celle que l'on ne fait pas. Les compulsifs comme nous sont des gens d'action, et c'est pourquoi la méditation nous convient particulièrement. Plus encore, nous avons bien besoin de cette forme d'action. Elle nous permet de nous arrêter, tranquilles, nous rendant réceptifs à l'inspiration spirituelle. Les outremangeurs ont couru toute leur vie, couru pour s'éloigner rapidement de la nourriture ou couru pour en avoir sur-le-champ. Pour un bon nombre d'entre nous, manger servait de sédatif, de méthode de relaxation. Aujourd'hui, grâce à la méditation, nous pouvons cesser de nous éparpiller dans tous les sens et, surtout, nous avons trouvé un moyen de nous détendre.

Méditer, c'est aussi décider de nous concentrer sur une réalité autre que nos préoccupations matérielles quotidiennes. Certains méditants commencent par faire des respirations profondes et rythmées; une autre façon de se mettre en état de méditation consiste à prendre conscience des sensations qu'on éprouve au contact d'un objet; d'autres écoutent attentivement de la musique très douce; certains reprennent inlassablement un mot ou une courte phrase; il est également recommandé de centrer toute son attention sur la vue d'un objet ou d'une image. Les méthodes ne manquent donc pas. Si nos problèmes remontent à la surface pendant que nous méditons, nous les laissons passer; doucement, nous retournons aux considérations spirituelles que nous prions Dieu de nous inspirer. Comme on le voit, nous avons une raison très simple de méditer : en nous apaisant, la méditation nous permet de nous nourrir spirituellement, c'est-à-dire de nous mettre en présence de notre vrai Moi, un et unique, et de notre Puissance supérieure.

La Onzième Étape nous dit en quelque sorte que la prière et la méditation nous amèneront à connaître la volonté de Dieu pour nous. Oui, mais comment faire pour ne pas confondre la volonté de Dieu et la voix de nos propres désirs? Au début, nous aurons peut-être du mal à reconnaître quand Dieu nous parle parce qu'Il ne le fera sans doute pas avec des mots. En fait, la volonté de Dieu peut se manifester de bien des manières : une idée originale, une nouvelle façon de voir les choses, un nouveau point de vue, un changement d'attitude ou de motivation. C'est aussi Dieu qui Se manifeste quand nous sentons en nous un simple regain d'énergie ou que nous n'éprouvons plus de tristesse ni de mélancolie.

Nos transformations intérieures sont aussi des signes de la volonté agissante de Dieu à notre égard. Si la prière et la méditation nous rendent ne serait-ce qu'un tout petit peu plus aimants, ou équilibrés, si elles nous donnent juste un tout petit peu de force et de courage, nous pouvons être certains que Dieu nous a parlé et que nous L'avons entendu.

En cas de doute sur la provenance de nos inspirations, nous pouvons aussi demander l'aide des membres qui ont l'habitude de la prière et de la méditation. Si nous avons l'impression que notre Puissance supérieure nous indique une voie, il est opportun d'en parler avec notre parrain, notre marraine ou un autre guide spirituel avant de poser des gestes lourds de conséquence. C'est le cas lorsque nous devons prendre une décision importante et que nous voulons agir conformément à la volonté de Dieu. Nos guides OA vont généralement nous suggérer de prier, de demander à Dieu de faire grandir notre désir de passer à l'action si vraiment nous devons le faire ou, au contraire, de nous détourner de notre projet si nous ne devons pas y donner suite. Alors, nous cessons d'y penser une journée ou deux tout en restant vigilants, attentifs à tout ce qui se passe et se dit autour de nous. Ce délai passé, inévitablement, nous y voyons plus clair, la décision est plus évidente.

Il peut arriver qu'en dépit de nos efforts même les plus sincères, nous nous méprenions sur la volonté de Dieu et que nous fassions fausse route. Cependant, vient un moment où nous constatons avec satisfaction que notre méprise nous a été profitable, que nous en avons tiré une leçon. C'est de cette façon d'ailleurs que nous apprenons à reconnaître de plus en plus les signes de la volonté de notre PS.

Les OA qui prient et méditent régulièrement trouvent dans cette pratique une source intarissable de bien-être, de courage et de force. Bien sûr, tous nos amis et nos guides OA, les gens de notre groupe nous sont d'un grand secours! Bien sûr aussi, nous trouvons une aide précieuse dans le parrainage, dans les publications! Pour rien au monde nous ne voudrions être coupés de ces personnes ou de nos outils, car c'est souvent par eux que Dieu nous parle. Mais ils peuvent nous faire défaut, et encore, juste comme nous en avons besoin... Ces situations nous rappellent que notre Puissance supérieure est la seule ressource sur laquelle nous pouvons toujours compter et qui soit toujours assez forte pour nous aider à nous relever et à reprendre la route. La prière et la méditation sont nos moyens de rester en contact avec Elle. De plus, pratiquées régulièrement, la prière et la méditation nous font découvrir le type d'apaisement que nous avons toujours cherché dans la nourriture sans jamais la trouver.

Par la prière et la méditation, nous restons en contact avec une exceptionnelle source d'énergie spirituelle qui nous fournit tout ce dont nous avons besoin pour nous réaliser pleinement.

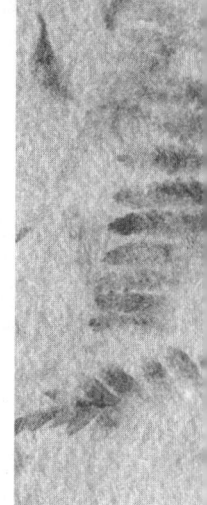

DOUZIÈME ÉTAPE

Ayant connu un réveil spirituel comme résultat de ces Étapes, nous avons alors essayé de transmettre ce message à d'autres outremangeurs compulsifs et de mettre en pratique ces principes dans tous les domaines de notre vie.

Le texte de la Douzième Étape comporte une affirmation très claire : ceux qui se sont donnés la peine de mettre en œuvre les onze premières Étapes des Outremangeurs Anonymes ont connu un réveil spirituel et ont désormais un message d'espoir à transmettre aux autres outremangeurs compulsifs.

Nous avons découvert une solution, une force bien plus grande que nous. Cette Puissance supérieure nous a aidés à reprendre en main toute notre vie, y compris notre façon de manger. Comme on nous l'avait promis à notre arrivée, nous avons vécu un triple miracle : physique, émotif et spirituel.

Dans la plupart des cas, le point tournant a été notre résolution de faire confiance à notre Puissance Supérieure dans tous les domaines de notre vie. Jour après jour, un jour à la fois, nous avons réaffirmé cette décision, et nous en sommes venus à faire face aux gens et aux événements d'une façon tout à fait inhabituelle pour nous. Par exemple, depuis lors, nous savons comment écarter de notre chemin tout ce qui pourrait faire obstacle à notre désir de voir notre Puissance Supérieure S'occuper de notre vie quotidienne. Nous le savons, nous n'avons plus rien à craindre. Devant les

117

contrariétés, nous sommes certains de réagir sainement et efficacement. Avec le temps, nous avons vu comment notre Puissance supérieure Se sert de chacune de nos expériences négatives pour nous apprendre quelque chose. C'est une des retombées du mode de vie OA, pratiqué sans relâche.

Nous ne redoutons même plus nos réactions face à la nourriture puisque, désormais, c'est nous qui décidons quand et comment manger. Nous avons connu un grand bonheur : Dieu nous a délivrés de notre obsession. Aujourd'hui libérés, et rétablis, nous ne voulons plus nous détruire en mangeant. Nous affrontons nos problèmes dans un esprit qui nous était étranger jusqu'ici, et notre vie s'est transformée en une joyeuse aventure. Nous sommes devenus optimistes. Et nous avons l'assurance que si jamais nous sentons ressurgir en nous notre vieille obsession, la solution se trouve dans les Étapes, non plus dans la satisfaction de notre compulsion.

Allons-nous conclure qu'en nous apprêtant à parachever la Douzième Étape, nous allons incessamment compléter notre programme et obtenir notre diplôme OA? Si nous mesurons nos progrès depuis nos débuts dans le Mouvement, il y a de fortes chances que nous nous croyions enfin arrivés à notre objectif. Mais des milliers d'outremangeurs compulsifs rétablis savent combien la réalité est différente. En fait, rien n'est terminé, même si nous avons amélioré notre état de santé et atteint le poids et la silhouette désirés; nous ne pouvons pas non plus nous reposer sur nos lauriers du seul fait d'avoir mis les Étapes en pratique de notre mieux; notre cheminement, parfois ponctué de nombreux et impressionnants anniversaires d'abstinence et de rétablissement, ne signifie pas davantage la fin de notre démarche. De la même façon, si les autres membres nous ont confié des responsabilités importantes et que nous avons bien servi notre groupe, notre Intergroupe, notre Région ou encore les OA à l'échelle internationale, nous ne pouvons pas conclure pour autant pouvoir nous arrêter là. D'ailleurs, la Douzième Étape est une incitation à reprendre les Étapes tous les jours, pour le reste de notre vie, car le véritable rétablissement n'est possible qu'au prix de progrès continus. Ainsi, nous devons toujours chercher à affiner notre conscience spirituelle pour demeurer éveillés et dynamiques sur ce plan.

Sans doute pour notre plus grand bien, et pour celui de millions d'outremangeurs actifs, il est rare qu'un outremangeur compulsif rétabli puisse se maintenir en forme sans partager avec d'autres son expérience OA, son mode de vie, son espoir et sa force renouvelée. D'ailleurs, ceux qui ont essayé de vivre les Étapes par eux-mêmes et pour eux-mêmes sont passés par des rechutes émotives et physiques. Si le programme OA se fondait sur une pratique individuelle et personnelle, il ne resterait plus personne pour porter notre message aux autres outremangeurs. C'est nous qui y perdrions, car la plus grande satisfaction attachée à la Douzième Étape est le bonheur de livrer à d'autres êtres humains le secret de notre rétablissement, le mode de vie OA.

En entreprenant les Étapes, peu d'outremangeurs soupçonnaient que la joie puisse exister sous cette forme-là. Depuis des années, nous cherchions le bonheur du côté de la nourriture, de la silhouette idéale, des possessions matérielles, des réalisations professionnelles, de l'activité sexuelle ou de la reconnaissance sociale. Bien sûr, nous avons presque tous eu ce genre de gratifications, mais... comme c'était peu, en comparaison avec celle de faire connaître notre mode de vie à d'autres outremangeurs compulsifs!

Un autre élément très efficace de notre programme est notre engagement, ce que nous appelons le service. Sur le coup, en nous impliquant dans les services OA, nous avions l'impression de faire quelque chose de très ordinaire et, pourtant, notre action a eu des répercussions profondes sur nous ou sur quelqu'un d'autre. Qui se serait douté de l'importance d'une accolade donnée dans une réunion, de celle d'un coup de fil ou d'une courte lettre à un autre outremangeur compulsif, de l'effet de quelques banales paroles d'encouragement? Souvent, nous aussi nous avons profité de petites attentions de ce genre, et au moment où nous en avions le plus besoin. De qui nous venaient-elles? De personnes comme nous qui en avaient saisi toute la valeur et toute la portée, en persévérant dans la mise en application du programme.

Après un certain temps chez les OA, nous avions presque tous été témoins de véritables miracles. Aujourd'hui, nous comptons parmi nos amis des outremangeurs compulsifs que nous avons vus arriver avec toute leur souffrance. Nous avons assisté à leur transformation sous l'effet de notre simple mode de vie. Nous sommes heureux d'avoir joué un rôle dans leur rétablissement, ne serait-ce que par notre présence aux réunions ou par nos encouragements à revenir souvent. Le plaisir attaché au partage du prodige OA constitue une grande force qui nous accompagne dans toutes les circonstances, heureuses ou malheureuses, de notre vie. C'est l'instrument même de notre rétablissement et de celui des autres outremangeurs compulsifs.

C'est avec de plus en plus de facilité et de naturel que nous parlons de notre Mouvement à ceux qui souffrent encore de la compulsion. Autour de nous on s'étonne de notre transformation physique et mentale, et nous nous entendons dire : « Tu as l'air en pleine forme! Qu'est-ce qui t'est arrivé? » C'est toujours de plus en plus spontanément que nous révélons alors notre appartenance aux Outremangeurs Anonymes en évoquant ce que le mode de vie a fait pour nous et en invitant nos amis à venir joindre nos rangs.

Quand vient le moment d'expliquer le programme, dans une réunion ou ailleurs, nous prions Dieu de nous guider. Si nous nous en remettons vraiment à notre Puissance Supérieure, nous n'avons rien à craindre. En effet, si nous disons les choses honnêtement, nous savons que Dieu nous inspirera les bonnes paroles. Nous avons appris que, devant les nouveaux venus, nous devons toujours chercher à nous en tenir au mode de vie et à ses effets sur nous plutôt que de relater des expériences tout à fait étrangères au programme OA.

En d'autres termes, même si une lecture, une thérapie, une pratique religieuse, une découverte spirituelle, une philosophie, alimentaire ou autre, nous ont été bénéfiques, mieux vaut quand même nous concentrer sur l'essentiel, sur les Douze Étapes, lorsque nous nous adressons à des nouveaux.

Si nous servons OA, nous ne devons rien attendre en retour. D'ailleurs, si nous décidons de sauver un autre outremangeur, nous pouvons nous attendre à un échec en dépit des heures que nous aurons consacrées à la tâche. Il ne sert à rien non plus de se donner comme objectif de sauver le monde entier pour avoir l'assurance de respecter l'esprit de la Douzième Étape. Au contraire, tant que nous restons remplis de bonne volonté et à la disposition de Dieu, Celui-ci s'occupe du reste en nous maintenant sur le chemin du progrès spirituel.

Le texte de la Douzième Étape dit clairement que les outremangeurs compulsifs appliquent les principes OA dans « tous les domaines » de leur vie. Depuis que le Mouvement existe, nous avons pu nous rendre compte de la pertinence de cette habitude. D'ailleurs, si on s'y arrête, on constate qu'en vivant les onze premières Étapes, nous avons changé de philosophie, puisque désormais nous pensons à autre chose qu'à manger et que nous nous intéressons à autre chose qu'à notre petit moi. La Douzième Étape se situe tout à fait dans cet esprit puisqu'elle vient confirmer que nous avons à jamais renoncé à notre ancienne façon de vivre. Désormais, nous sommes engagés sur une autre voie, spirituelle.

Voyons ensemble certains des principes inhérents à chacune des Étapes, et que nous pouvons appliquer dans tous les domaines de notre vie. Prenons la Première : ici, c'est l'*honnêteté* qui est mise en évidence. En effet, nous avons admis en toute honnêteté notre impuissance devant notre façon de manger en particulier, et devant la vie, en général. Cette honnêteté, nous voulons désormais qu'elle guide toutes nos actions et toutes nos réactions. Par exemple, et concrètement, chaque jour, nous nous reconnaissons comme outremangeurs compulsifs et nous admettons avoir besoin d'aide pour bien vivre.

Que nous a appris la Deuxième Étape? L'*espoir*. Il nous est venu avec la conviction qu'une force plus grande que nous-mêmes pouvait nous rendre la raison. Ce même espoir orientera désormais toute notre vie. Même quand nous nous sentirons plus seuls que jamais, nous pourrons nous rappeler cette vérité incontestable : il y a toujours quelque part quelqu'un pour nous aider. De même, lorsque nous aurons l'impression d'être tout à fait à plat, nous trouverons la force dont nous aurons besoin : pour cela, il nous suffit de croire que cette énergie est à notre disposition, et de prier pour l'obtenir.

La Troisième Étape est celle de la *foi*. Cette confiance nous a incités à prendre la décision la plus importante de notre vie : confier à Dieu – tel que nous Le concevons – notre volonté et notre vie. Dorénavant, nous ne nous contentons plus d'agir sous l'inspiration du moment, mais, en toutes circonstances, nous nous tournons vers notre Puissance supérieure pour obtenir d'Elle tant Ses directives que la force nécessaire pour exécuter Sa volonté à notre égard.

Les principes mis en avant par les Quatrième et Cinquième Étapes sont le *courage* et l'*intégrité*. En effet, pour appliquer ces Étapes, nous avons dû regarder bien en face nos défauts. Comment allons-nous mettre ces principes en pratique? Nous n'aurons plus peur de reconnaître nos faiblesses ou nos torts. Désormais, nous nous montrerons tels que nous sommes. Délivrés du besoin de paraître parfaits aux yeux du monde, nous sommes en mesure de vivre au plein sens du terme, c'est-à-dire d'accepter nos faiblesses et nos manques, puis d'essayer de régler nos difficultés en utilisant nos propres ressources.

La Sixième Étape nous a révélé la *bonne volonté* et le *lâcher prise* en nous habituant à renoncer complètement à nos défauts. Aujourd'hui, nous nous exerçons souvent à la pratique du lâcher prise; tous les jours nous prenons conscience de la différence entre, d'une part, notre entêtement personnel et, d'autre part, le simple désir de nous plier à la volonté de notre Puissance supérieure.

Quant à la Septième Étape, elle nous a aidés à comprendre l'*humilité*. Pour nous, cela signifie oublier la reconnaissance sociale; dans la même optique, nous cessons de nous diminuer et de diminuer les autres. Désormais, nous confions humblement à Dieu le soin de faire disparaître nos défauts.

Les Huitième et Neuvième Étapes nous ont obligés à regarder les torts que nous avions causés; nous avons alors décidé de réparer nos erreurs passées. Désormais, nous savons ce qu'est la *discipline* exercée dans l'*amour*. Par la discipline, nous éviterons de faire à nos semblables autant de mal qu'autrefois; en cas d'erreur, nous savons désormais aller nous excuser sans tarder. C'est en nous appliquant à l'amour des autres que nous en venons à les accepter comme ils sont et non comme nous aimerions qu'ils soient. Notre acceptation des autres ne se reflète pas uniquement dans nos rapports avec nos compagnons OA, mais aussi dans nos relations avec tout notre entourage : à la maison, au travail, à l'école ou à l'université... Nous la retrouvons dans tous les domaines de notre vie. Nous constatons que nous sommes en train d'établir les meilleurs rapports possibles avec toutes les personnes autour de nous.

La Dixième Étape nous a donné l'occasion de constater les vertus de la *persévérance*, en particulier dans la pratique des Douze Étapes. Aujourd'hui, *persévérer* veut dire recommencer tous les jours le programme qui nous a menés vers le rétablissement, même si nous doutons parfois que ce soit encore réellement nécessaire. La persévérance, c'est notre garantie permanente de libération.

Le *réveil spirituel* est la marque de la Onzième Étape. Nous y sommes arrivés par la prière et par la méditation. Désormais, nous cherchons consciemment à prendre contact avec Dieu dans la conduite de toutes nos affaires. Pour rester spirituellement en forme et actifs, chaque jour, nous prions et nous méditons.

Quant à la Douzième Étape, elle nous a enseigné la notion de *service*, qui s'est répercutée dans toute notre activité, dans le Mouvement comme à l'extérieur. Nous avons fait une constatation fondamentale : dès que nous renonçons à l'idée de faire agir les autres à notre guise et que nous laissons simplement notre Puissance Supérieure Se servir de nous pour aider les autres, nous recevons plus que notre part de joie et d'énergie.

Nous étions venus chez les OA pour arrêter de manger compulsivement, et nous voici engagés pour toujours sur le chemin de la vie spirituelle! Partis de l'isolement, de la compulsion, nous nous sommes retrouvés dans un univers inconnu. En compagnie de Dieu et de nos amis OA et, avec pour guide les merveilleux principes contenus dans les Étapes, nous sommes dorénavant à la découverte de ce monde spirituel. Nous sommes reconnaissants aux outremangeurs qui nous ont ouvert la voie. De même, nous sommes heureux de pouvoir montrer le chemin à d'autres.

Ceux qui sont vraiment engagés dans le mode de vie ne font pas que communiquer le message OA : *ils sont le message OA.* Si nous vivons conformément aux Étapes, nous nous sentons bien. Alors, émane de nous la joie qui attire vers les OA ceux qui aspirent à ce que nous avons trouvé dans le Mouvement. C'est toujours avec bonheur que nous partageons avec d'autres notre secret : Les Douze Étapes des Outremangeurs Anonymes. Grâce à ces Étapes, nous allons bien, tous les jours, un jour à la fois.

En guise d'introduction aux douze traditions

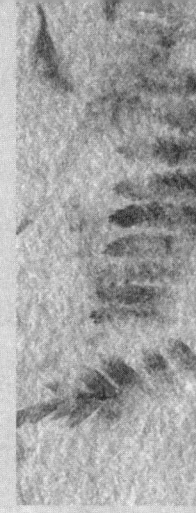

Quand nous sommes arrivés pour la première fois dans une réunion OA, nous pensions avant tout à notre propre rétablissement. La plupart d'entre nous prenions pour acquis notre groupe d'appartenance et OA dans son ensemble, sans nous préoccuper de leur fonctionnement ou de leur survie. À mesure que notre obsession pour la nourriture se calmait, notre confiance en OA grandissait. Nous avons eu peur que l'avenir de notre association soit compromis car c'était notre seul refuge.

Mais nous n'avions pas à nous inquiéter pour la santé de OA: nous pouvons compter sur les Douze Traditions qui ont été conçues pour garder dans le droit chemin à la fois les groupes et les comités, tout en mettant l'accent sur le rétablissement de tous les outremangeurs qui cherchent de l'aide dans notre fraternité. Cet exposé sur les Traditions nous démontre comment ces douze suggestions ont pu aider les membres, les groupes et OA dans son ensemble à résoudre des problèmes, à grandir et à transmettre le message de rétablissement à ceux qui souffrent encore.

Nous avons beaucoup de gratitude envers les Alcooliques Anonymes qui ont les premiers établi ces Traditions et nous ont permis de les adapter à nos propres besoins. Les Douze Traditions sont le résultat d'une longue et parfois pénible expérience et reprennent les mêmes principes de vie que les Douze Étapes. Tous ceux qui s'y sont arrêtés se sont rendu compte que ces Traditions peuvent être appliquées dans leurs relations interpersonnelles dans OA et à l'extérieur. Voici maintenant les Traditions OA qui nous permettront de demeurer spirituellement en forme devant tous les défis.

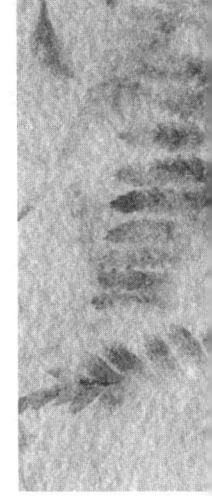

Notre bien-être commun devrait venir en premier lieu; le rétablissement personnel dépend de l'unité des OA.

Les outremangeurs compulsifs comme nous ont vécu isolés la plus grande partie de leur vie. Souvent nous préférions rester seuls pour manger sans être dérangés. Entrer véritablement en contact avec notre entourage devenait plus compliqué au fur et à mesure que grandissaient nos obsessions: la nourriture et notre poids. Bon nombre d'entre nous avaient l'impression d'être des ratés chaque fois qu'ils devaient demander de l'aide.

Parce que nous avons voulu être libérés de notre compulsion, il nous a fallu changer. La plupart d'entre nous ont d'ailleurs commencé à se remettre de leur maladie en sortant de leur isolement, en allant dans un groupe OA, où nous nous sommes rendu compte que nous n'étions pas faits pour être seuls. En ouvrant notre cœur à d'autres membres OA, nous avons trouvé l'acceptation, le sentiment d'appartenance à un groupe et une impression de solidarité. Manger ne nous avait jamais rien donné d'aussi satisfaisant.

Sans les OA, beaucoup d'entre nous ne vivraient pas aujourd'hui, car les OA étaient la seule solution à notre maladie dévastatrice. Encore aujourd'hui, si nous tenons à vivre et à voir grandir notre bien-être,

nous devons pouvoir compter sur le secours indé-
fectible du Mouvement et sur l'exemple et les encouragements de nos amis OA. Plus encore, nous avons
chaque jour besoin de venir en aide à d'autres outremangeurs, et, dans nos groupes, nous avons l'occasion
de le faire.

L'unité de notre Mouvement apparaît donc comme
une question de vie ou de mort. Cette unité n'est pas
pour autant facile à assurer. Il faut dire que les membres viennent d'horizons différents, sans compter
qu'on peut même rencontrer dans nos réunions des
gens qui ont sur la méthode OA un point de vue très
différent du nôtre. Notre premier réflexe est généralement de conclure que ces gens-là ne comprennent
absolument rien au mode de vie. Mais nous devons
nous retenir au nom de l'unité, car, si chacun d'entre
nous ne fait pas passer *notre bien-être commun* avant
ses opinions personnelles, il va bientôt se créer au sein
du Mouvement des groupes adverses. Cette situation
nous affaiblirait, puisque n'est-ce pas l'union qui fait la
force ?

Dans chaque groupe OA, chacun est invité à faire
connaître ses expériences aux autres et à partager avec
eux sa force et sa confiance en l'avenir. Cependant,
tout en y mettant de l'amour, on ne manque pas de
rappeler aux membres que chacun doit toujours garder
présents à son esprit les besoins du groupe en général.
Comme il y a plusieurs formules de réunion chez les
OA, nous jugeons souvent opportun de préciser les
règles du groupe avant de commencer nos réunions.

Par exemple, dans tel ou tel groupe, on dira: « Ici, on laisse chacun parler sans lui répliquer» ou «Vous avez trois minutes pour nous décrire une expérience positive» ou encore « Vous êtes dans un groupe de non-fumeurs ». Ainsi, tous les participants prennent connaissance des décisions de la conscience du groupe.

Garantir l'unité c'est, pour chacun, ne jamais perdre de vue les décisions du groupe. Dans les cas mentionnés ci-dessus, c'est s'en tenir aux trois minutes prescrites même si on a envie de les dépasser, s'abstenir de répondre à quelqu'un qui vient de témoigner même si l'on s'y sent irrésistiblement poussé et c'est aussi se garder de fumer. Freiner ses impulsions pour l'amour du groupe, c'est le message de la Première Tradition.

Les groupes déterminent leur mode de fonctionnement dans le respect des principes OA. Idéalement, dans un groupe OA, chacun peut à tout moment parler de lui librement sans risquer d'être contesté ou accablé de conseils. Il est cependant recommandé de ne pas livrer au groupe les détails les plus intimes de notre vie, mais d'en discuter en privé avec notre parrain ou notre marraine. Protéger l'unité des OA et y maintenir l'esprit d'entraide est la responsabilité de tous et de chacun. Par exemple, s'il vous arrive de présider une réunion et que certains passent outre les règles du groupe, en vertu de la Première Tradition, c'est à vous qu'il appartient de rappeler à l'ordre vos frères et sœurs OA.

Quand on parle d'unité cela ne veut pas nécessairement dire que tous les membres OA doivent être toujours d'accord avec chacun des principes de fonctionnement du Mouvement. Dans les faits, il surgit quotidiennement des désaccords en cette matière, mais nous devons trouver les moyens de les régler sans mettre notre unité en péril. Mais, si nous nous conformons à la Première Tradition, nous écouterons respectueusement ce que chacun a à dire. Chacun peut d'ailleurs s'exprimer en toute honnêteté, et nous le faisons sans discréditer ceux qui ne sont pas du même avis que nous. Tout en donnant notre opinion ou en écoutant celle d'un autre, nous restons ouverts de cœur et d'esprit à la voix de la volonté de notre Puissance Supérieure, quel que soit le sujet en cause. Nous essayons de régler chaque problème sans provoquer de conflits qui finiraient par nous diviser. C'est la méthode OA: nous venons à bout de nos différences d'opinions en pensant d'abord au bien de l'ensemble du groupe.

L'expérience nous a fait prendre conscience de l'importance de ce principe de l'unité. Par exemple, nous avons connu le cas d'un intergroupe divisé en deux factions par des conceptions différentes du mode de rétablissement. Comme, après des mois de discussions, on n'avait toujours pas trouvé de solution, une des parties a fait sécession pour créer un autre intergroupe.

Puis, les esprits se sont un peu calmés. Quelque temps après l'incident, la Région a proposé aux deux intergroupes en question d'organiser un congrès régional. Comme ni l'un ni l'autre ne comptaient suffisamment de ressources pour mener l'entreprise à bien, ils ont été contraints de collaborer et d'unir leurs efforts. Ceux qui, dans l'un et l'autre camps, étaient prêts à participer aux discussions ont alors décidé de créer une espèce de groupe d'étude de la Première Tradition afin de trouver un moyen d'assurer une quelconque unité. Il est devenu évident que sans un changement d'attitude de part et d'autre, le Congrès ne pourrait pas avoir lieu. Mais les membres des deux groupes qui avaient constitué le comité de la Première Tradition étaient désireux de travailler ensemble. Dans ce but, ils ont commencé à se concentrer sur leurs convergences plutôt que sur leurs différences. Il en est résulté une conscience de groupe commune! C'est ainsi que dans une déclaration conjointe, les intergroupes ont reconnu l'existence simultanée de diverses conceptions du rétablissement au sein du Mouvement. Ils déclaraient aussi que la façon d'appliquer le mode de vie était essentiellement une affaire de choix personnel ou de conscience de groupe et qu'ils allaient dorénavant éviter de discuter et de contester les options de chacun. Finalement, les membres des deux groupes ont reconnu que c'était en raison d'un besoin commun qu'ils se retrouvaient ensemble.

En respectant ces principes, les deux intergroupes rivaux ont pu travailler conjointement au succès de leur Congrès. Fait à souligner, dix ans plus tard, les intergroupes en cause continuaient de fonctionner chacun suivant sa philosophie et sa conception du mode de vie. Ils organisaient de concert les Journées de l'unité et étaient très actifs au sein de leur Région comme dans leur participation aux activités relevant des Services mondiaux. De plus, c'est encore ensemble qu'ils mettaient en place des manifestations comme des Congrès régionaux ou des Journées de gratitude. En pleine santé, chacun des intergroupes réunissait des groupes OA solides, pratiquant les Douze Étapes et contribuant ainsi au rétablissement de leurs membres.

Voici une autre histoire sur le même thème, celle de l'unique groupe d'une toute petite localité. Les réunions ne comptaient jamais plus de dix personnes et, comme il arrive souvent dans les petits groupes, le fonctionnement de celui-là reposait sur un ou deux membres engagés dans le mode de vie depuis quelques années. Un soir, une membre qui venait d'arriver du Midwest américain raconta avec émotion comment elle avait échappé à une mort certaine grâce aux OA. Elle décrivit comment des OA de la Californie lui ayant proposé un programme alimentaire, l'avaient délivrée de la compulsion.

Elle ne manqua pas d'impressionner l'auditoire par le récit de sa perte de poids, quelque 50 kilos, comme par la lumière qui brillait dans ses yeux et par son enthousiasme face au mode de vie. Mais quelqu'un, le pilier du groupe, en fait, devint très tendu en entendant parler de plan alimentaire. Cette membre avait été elle-même délivrée de la compulsion et considérait qu'un des éléments de cette guérison miraculeuse était de ne plus sentir depuis des années le besoin compulsif d'être au régime. Aussi, profita-t-elle de la période d'échanges pour critiquer le cadre alimentaire de la nouvelle arrivée.

Quelques semaines plus tard, le groupe était scindé en deux factions rivales. Les uns s'étaient ligués derrière la membre de longue date et les autres appuyaient la nouvelle. Le groupe mettait la plus grande partie de son énergie à discuter de la pertinence d'adopter le programme alimentaire exposé par la nouvelle venue. La controverse dura quelques mois et fit monter l'agressivité de part et d'autre.

Puis, un soir de la fin de l'été, celle que nous appelons le pivot du groupe et la nouvelle, celle du plan alimentaire se sont retrouvées seules à la réunion hebdomadaire. Après dix minutes d'attente, elles ont décidé de tenir la réunion à deux. La Prière de la Sérénité fut récitée comme d'habitude, et les deux membres ont aussi fait la réunion également comme d'habitude. Assises en face l'une de l'autre, elles ont alors été amenées à faire part tour à tour de leur expérience, de leur force et de leur espoir. Petit à petit, leurs échanges sont devenus ouverts et francs. L'ancienne membre a avoué être très envieuse des progrès de l'autre et lui a fait part de son sentiment d'avoir été déclassée par elle au sein du groupe. Quant à la nouvelle, les larmes aux yeux, elle a dévoilé sa grande peur d'une possible rechute et a expliqué qu'elle avait voulu plus que tout mais sans succès fonder un groupe qui ressemblerait à celui d'où elle venait. Personne n'avait voulu la suivre. Et pourtant, elle avait surtout besoin d'être comprise et encouragée. À son tour, elle a admis être jalouse de l'autre à cause de sa solidité et elle s'est aussi dite impressionnée par l'expérience de l'ancienne membre et par sa connaissance des principes OA.

Avant la fin de la réunion, la nouvelle et l'ancienne avaient décidé de se marrainer, si bien que la semaine suivante, les membres habituels ont trouvé une atmosphère bien différente du climat habituel. Personne n'avait changé d'avis sur le plan alimentaire: la première n'avait pas abandonné le sien et la seconde ne l'avait pas adopté. En matière de façon de manger, elles n'étaient toujours pas sur la même longueur d'onde, mais désormais chacune appuyait l'autre dans sa démarche. Une autre chose étonna encore plus: l'acceptation et l'amour avec lesquels chacune exprima pourquoi elle ne changeait pas d'avis sur l'abstinence. À partir de ce moment, l'ancienne membre n'essaya plus de dissuader ceux et celles qui voulaient un programme alimentaire. L'autre membre ne prenait pas davantage partie contre ceux qui préféraient s'aligner sur la philosophie de l'ancienne membre. En bref, voilà ce qui s'était produit: on s'était rendu compte que même dans ce tout petit groupe, il y avait place pour plus d'un point de vue sur la façon d'obtenir des résultats.

Unité n'est pas synonyme d'unanimité. D'ailleurs, chez les OA, on apprend qu'une différence d'opinion ne constitue pas un obstacle à l'amitié. Ici, l'esprit ouvert, on écoute attentivement les autres tout comme chacun apprend à s'exprimer sans vouloir absolument que tout le monde pense comme lui. C'est précisément de cette façon que nous commençons à nous comprendre et à comprendre les autres. Et, avec le temps, nous trouvons de plus en plus de solutions de moyen terme qui répondent aux besoins de tous.

Arrêtons-nous pour nous interroger sur notre façon d'appliquer le principe de l'unité. Dans nos propres groupes, que faisons-nous concrètement pour assurer cette unité?

Dans notre groupe, formons-nous des clans qui ne s'occupent pas des autres membres?

Essayons-nous de former un vrai groupe solidaire ou avons-nous plutôt tendance à constituer des factions rivales? Essayons-nous de décourager le commérage entre nous, de dissuader nos membres de se livrer à l'inventaire des autres?

Avons-nous plutôt tendance à mettre en lumière nos divergences dans le seul but de provoquer des dissensions et des discussions?

Sommes-nous sympathiques même avec ceux qui ne nous plaisent pas? Parlons-nous de l'amour qu'on trouve dans les groupes OA tout en nourrissant des sentiments hostiles envers certains membres?

Incitons-nous les membres à écouter ce qui se dit en avant plutôt que de bavarder? Nous laissons-nous distraire par les gens qui arrivent?

Dans notre groupe, insistons-nous pour que chacun essaie de s'exprimer le plus brièvement possible pour laisser à tout le monde la chance de parler? Nous arrive-t-il de laisser des membres monopoliser tout le temps disponible?

Que se passe-t-il quand un nouveau ou une nouvelle interrompt le déroulement d'une réunion ou domine le temps de discussion? Les laissons-nous faire? Les aidons-nous plutôt à se comporter tout de suite comme les autres membres du groupe - dont ils font d'ailleurs partie - en respectant le protocole de la réunion? Les rappelons-nous à l'ordre avec douceur?

Mettons-nous en lumière le rôle du téléphone chez les OA ? Le présentons-nous comme un outil d'aide réciproque qui, dans l'optique OA, ne doit pas simplement servir aux commérages et aux critiques?

Déprécions-nous aux yeux des autres les personnes ou les groupes OA qui conçoivent le mode de vie autrement que nous?

Participons-nous aux activités OA où les groupes peuvent se rencontrer ?

Avons-nous pris le temps de bien connaître ce que nous appelons «le Mouvement OA»? Appuyons-nous le Mouvement du mieux que nous le pouvons ?

Dans notre groupe, chacun est-il libre d'apporter son témoignage en tout temps ou estimons-nous plutôt qu'un membre qui va mal ne devrait pas prendre la parole?

La Première Tradition, la tradition de l'unité, nous rappelle une vérité importante: personne n'est seul chez les OA puisque nous sommes tous en contact avec des êtres humains comme nous. De plus, la santé émotive et spirituelle de chacun dépend de celle des autres. Autrefois, notre compulsion nous isolait; aujourd'hui c'est grâce à notre maladie que nous nous retrouvons chez les OA. Ici, tout est conçu pour que nous communiquions avec les autres dans une relation d'aide mutuelle: grâce aux groupes individuels, aux intergroupes, aux regroupements international et régionaux et grâce aussi au parrainage, chacun contribue au rétablissement des autres.

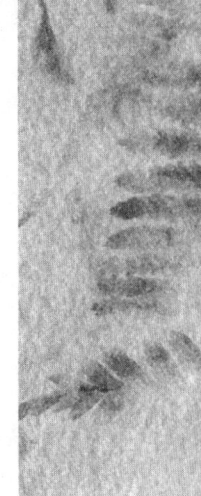

*Pour le bénéfice de notre groupe,
il n'existe qu'une seule autorité ultime:
un Dieu d'amour tel qu'Il peut se
manifester dans notre conscience de groupe.
Nos chefs ne sont que des serviteurs de
confiance; ils ne gouvernent pas.*

Le nouveau membre est porté à se demander qui est à la tête des OA. Il sera étonné de la réponse qu'il va trouver dans la Deuxième Tradition: un Dieu aimant qui se manifeste dans notre conscience de groupe. Cette Tradition semble absolument inapplicable, et pourtant, elle marche! Ainsi, dans les situations difficiles, nous demandons à Dieu de nous inspirer en nous faisant voir comment assurer le bien-être du Mouvement. Alors, nous discutons de la question sérieusement, puis nous votons sur les différentes propositions, sûrs que la décision du groupe sera conforme à la volonté de notre Puissance Supérieure.

C'est bien connu: chez les humains, il n'y a pas de pouvoir sans lutte de pouvoir. Cela semble inévitable même dans les groupes les mieux intentionnés et les plus idéalistes. Investis d'une quelconque autorité, bon nombre d'entre nous vont se battre pour garder leur pouvoir tout en défendant avec énergie, mais en paroles seulement, le principe de l'égalité des personnes.

Cependant, chez les OA aucun titre ne donne de pouvoir. Notre organisation n'est pas là pour régir mais pour servir. C'est la raison d'être de tous les comités et de tous les services OA qui, d'ailleurs, n'ont aucune autorité ni sur les groupes ni sur les personnes, en ce qui concerne le respect des «règles» OA. Dans nos groupes, nous choisissons des membres pour s'occuper des questions d'argent, comme, par exemple, la répartition des contributions. Nous demandons à d'autres de trouver des gens pour témoigner, ou pour venir aux réunions de l'intergroupe ou encore pour s'assurer que le groupe ne manque pas de publications.

Généralement, au cours des réunions ordinaires, on ne consacre que très peu de temps aux questions d'organisation. Si quelqu'un veut proposer un changement (ex.: suggérer un autre local de réunion; affecter la collecte à une fin particulière), on en discute au cours de la réunion mensuelle de tous les membres du groupe. Ces réunions de gestion ont parfois lieu en même temps qu'une réunion ordinaire; dans certains groupes, elles se tiennent à un autre moment. Bien au fait de la question, c'est la conscience du groupe qui prend les décisions que vont mettre en œuvre les personnes désignées.

Conscience de groupe et règle de la majorité ne sont pas synonymes. La conscience de groupe est l'expression du principe d'unité de la Première Tradition; c'est le lien qui nous unit de plus en plus fort au fur et à mesure que nous renonçons à l'exercice de notre volonté personnelle. Grâce à la conscience de groupe, personne ne se laisse guider par ses propres intérêts; nous cherchons plutôt, comme groupe, à prendre chaque fois des décisions qui vont dans le sens des Étapes et des Traditions OA.

Nous parlons de conscience de groupe éclairée. Nous voulons dire par là que tous les membres du groupe ont un droit égal de se faire entendre par un auditoire attentif qui s'efforce de garder l'esprit ouvert. Par cette attitude, nous nous assurons justement d'avoir en mains tous les éléments qui permettront au groupe de prendre une décision éclairée. En d'autres termes, pour nous, le groupe ne peut prendre de décisions opportunes que si nous tenons compte des besoins et des idées de tout le monde. Dans nos groupes OA, nous prêtons oreille à toutes les suggestions et même aux opinions minoritaires.

Quiconque se considère membre d'un groupe a le droit d'y voter ou d'y prendre la parole. Si dans la plupart des groupes l'abstinence n'est pas une condition nécessaire pour voter, ou que le droit de vote n'est assorti d'aucune autre obligation, c'est en raison de notre Troisième Tradition, qui dit: *La seule condition pour devenir membre des OA est le désir d'arrêter d'outremanger compulsivement.* Mais, comment pouvons-nous espérer prendre des décisions intelligentes si le processus décisionnel inclut des outremangeurs actifs qui n'ont vraisemblablement pas les idées très claires? Bien sûr, c'est risqué, mais ce risque est évalué en fonction de la nécessité de mettre OA à la disposition de tous ceux qui croient avoir trouvé quelque chose dans le Mouvement. Refuser la parole à un membre, c'est en faire une personne de second ordre. Or, ce dont nous avons besoin pour nous sortir de notre « isolement pathologique », c'est précisément de nous sentir comme les autres.

Pour ceux qui connaissent depuis longtemps le fonctionnement des groupes et des Traditions, parler est plus qu'un droit, c'est une responsabilité qui les pousse à partager leur expérience avec les autres. Il peut leur arriver d'hésiter à avancer des idées pas très populaires parce qu'ils craignent de « faire des vagues ». Pourtant, ils devraient se rappeler combien il est important pour tous les membres OA de connaître l'expérience des autres groupes et d'être mis au fait des Traditions. C'est en effet à cette condition que nous pourrons prendre des décisions réfléchies sous la conduite de notre Dieu d'amour.

Nous écoutons donc toutes les suggestions dans un esprit d'amour. Alors seulement, le groupe vote selon sa conscience. Chacun vote en ayant à l'esprit ce qu'il croit être bon pour le groupe; nous ne nous laissons pas influencer par les proposeurs même si ce sont des gens populaires ou même de nos amis les plus proches.

La Deuxième Tradition OA est ainsi conçue que personne ne peut « perdre ses élections ». Il peut arriver que nous soyons irrités ou déçus par la décision du groupe, mais souvent, avec le temps, nous nous rendons compte que cette décision était la bonne tant pour nous personnellement que pour le Mouvement. De toutes façons, une chose est certaine: nous sommes tous gagnants lorsque nous agissons conformément à la volonté de Dieu.

Aucun groupe n'est à l'abri d'une mauvaise décision. Si, face à un problème donné, nous avons adopté une solution inefficace ou inapplicable, il faut en chercher une meilleure. Peut-être la conscience de groupe aura-t-elle à se prononcer une autre fois.

Comme les personnes, les groupes font parfois des erreurs et, comme les personnes aussi, nos groupes et tout OA apprennent par ces bêtises. Mais nous savons que notre Puissance Supérieure est avec nous, peu importe nos maladresses.

Certains membres d'expérience qui sont déjà passés par là estiment parfois qu'ils devraient pouvoir imposer leurs points de vue. Ils oublient la Deuxième Tradition. D'habitude, lorsque des membres essaient de diriger plutôt que de servir, les choses tournent mal.

Lorsqu'un groupe est créé, il n'est pas rare que les décisions doivent être prises par un tout petit nombre de personnes. Mais cette situation est temporaire, et la conscience du groupe prend vite les choses en mains. Si l'expérience et l'expertise des membres de longue date restent précieuses pour le groupe, il n'est toutefois pas sain pour l'ensemble de ses membres ni pour les responsables qu'une même personne occupe un poste pendant longtemps. Le service OA constitue un instrument de croissance de la première importance, mais on ne doit pas oublier un autre outil capital: l'humilité. Et c'est précisément cette humilité qui nous fait laisser notre poste à quelqu'un d'autre dès la fin de notre mandat; à son tour, le nouveau ou la nouvelle titulaire a la chance de transmettre le message OA. C'est le principe de la rotation dans les services OA.

On remplace régulièrement les membres qui servent le groupe même lorsqu'ils ont bien travaillé et qu'ils voudraient bien continuer de le faire. Ce mode de fonctionnement déconcerte parfois les nouveaux; dans leur esprit, ceux qui assumaient des fonctions dirigeaient nécessairement le groupe. On en a déjà vu s'inquiéter de cette pratique: mis pour la première fois devant le départ d'un secrétaire ou d'un représentant à l'intergroupe, ils craignaient que le groupe ne s'écroule, abandonné par ses chefs. Mais cette impression ne dure pas et, après quelques mois, le nouveau d'autrefois trouve rassurant que la conduite des réunions soit entre les mains du groupe dans son ensemble. Toute personne qui fréquente régulièrement le même groupe finit par avoir envie de participer aux décisions et aux discussions qui le concernent; elle réalise aussi qu'en dépit des changements ponctuels apportés au fonctionnement du groupe, elle-même trouve toujours dans les réunions ce qui est nécessaire à son rétablissement. Elle en arrive aussi à voir comment elle pourrait servir son groupe. On peut dire que nous nous partageons le travail un peu comme les membres d'une famille se divisent les tâches domestiques.

Tous les membres OA ont une responsabilité face au fonctionnement du Mouvement. Ceux qui ne comprennent pas notre philosophie vont se plaindre, par exemple, qu'on ait réédité sous une autre forme une publication qu'ils aimaient dans son ancienne version. D'autres aussi vont dire: «Mais pourquoi n'ouvrent-ils pas un groupe ici?» Comme nous, ils vont vite apprendre que nous ne connaissons ni de *on* ni de *ils* chez les OA. Les OA parlent toujours en termes de *nous*.

Par exemple, lorsqu'il s'agit de nos publications originales en anglais, nous décidons de les publier, de les récrire ou de les retirer de la circulation après avoir consulté nos divers comités des Publications dans le monde. Si *nous* voulons fonder un groupe dans une localité donnée, c'est à *nous* de le faire. Ce type de responsabilité peut nous faire peur si nous oublions notre Deuxième Tradition. Celle-ci nous rappelle qu'il nous suffit de manifester notre bonne volonté en confiant l'issue de nos affaires à notre Puissance supérieure. Cette Puissance aimante nous donnera tout ce qu'il nous faut pour réussir.

Nous allons prendre un cas on ne peut plus concret: l'histoire de l'édition originale anglaise du livre que vous avez entre les mains. Sa rédaction définitive et le processus d'approbation par les Services mondiaux ont demandé treize années de discussions – parfois animées – sur sa pertinence même et sur les modalités de sa rédaction. Controverses et confusion ont souvent menacé la survie de ce chantier. Le texte a subi trois remaniements en profondeur et a fait l'objet de nombreuses révisions inspirées par les suggestions et commentaires de centaines de membres OA de par le monde. L'étude de certains chapitres a été à l'ordre du jour des réunions des Services mondiaux de 1987, 1989, 1990, 1992 et de 1993. Après tous ces débats, la publication a finalement été approuvée dans sa forme.

Durant ces années de tiraillement, nous étions beaucoup à nous demander si la volonté de Dieu, manifestée par la conscience du groupe, allait vraiment dans le sens de la parution de notre livre. Or, chaque fois que surgissait une difficulté, se produisaient aussi une série d'événements qui remettaient les choses en place de façon souvent inattendue.

Nous avons connu des expériences similaires dans les groupes où, régulièrement, les problèmes trouvent leur solution dans la conscience du groupe plutôt que dans les idées des responsables. En continuant de discuter, nous faisons surgir une idée originale ou encore, une réponse à laquelle personne n'avait pensé vient du fond de la salle, tout droit sortie de la tête d'un des derniers arrivés dans le groupe. Alors que nous ne nous y attendions plus, les tensions fébriles qui auraient pu faire éclater le groupe sont dissipées. Mieux encore, nous nous apercevons que l'expérience a renforcé le groupe.

Nous pouvons maintenant nous demander si notre groupe OA vit conformément aux principes de la Deuxième Tradition. Les questions qui suivent vont nous aider:

Encourageons-nous tout le monde à prendre une part active aux réunions de la conscience de groupe?

Avant de mettre au vote une proposition de la conscience de groupe, prenons-nous le temps d'étudier la question à fond et d'en discuter suffisamment?

Avons-nous l'esprit ouvert vis-à-vis des propositions de tous et chacun?

Nous arrive-t-il de faire subir au groupe une sorte de pression en faveur de certaines idées simplement parce que celles-ci émanent de membres de longue date?

Lorsqu'on doit prendre une décision, avons-nous l'impression de devoir sauver la face? À l'opposé, pouvons-nous nous ranger de bon gré du côté de la conscience de groupe, même si, au début de la discussion, nous n'étions pas d'accord avec elle?

Quelle est notre attitude face à ceux qui servent le groupe, face aux divers comités OA et à nos employés professionnels? Passons-nous notre temps à les critiquer ou, au contraire, encourageons-nous leurs efforts?

Demandons-nous à nos responsables de rendre compte de leurs activités?

Lorsqu'ils prennent la parole devant le groupe, écoutons-nous attentivement ceux qui ont des annonces, commentaires et rapports à faire, comme c'est le cas des personnes chargées du secrétariat ou de la représentation auprès de l'intergroupe?

Dans notre groupe, avons-nous du mal à recruter des responsables: secrétaire, président, substituts? Est-ce que tout le monde s'offre pour préparer et ranger le local? Qu'en est-il des autres tâches? Tous, anciens et nouveaux, font-ils ce qu'ils peuvent?

Souvent lorsque nous arrivons chez les OA, il y a déjà nombre d'années que nous tentons de diriger la vie des autres par l'autorité ou par la manipulation. Le principe de la Deuxième Tradition ne manque donc pas de nous surprendre puisque sa mise en pratique consiste à accepter d'être un simple serviteur du groupe pour laisser notre Puissance supérieure s'exprimer et diriger nos affaires par l'intermédiaire de la conscience du groupe.

En fait, comme nous l'avons constaté, les gens sont toujours heureux de mettre en œuvre des décisions auxquelles ils ont participé. Grâce à OA, nous avons appris à exprimer nos besoins et nos désirs de façon adulte et nous avons aussi appris à laisser les autres exposer les leurs; au lieu de nous mettre à bouder, à discuter, à nous plaindre ou à essayer de jouer au chef, nous consentons d'avance à nous plier à toute décision qui tiendrait compte des besoins de chacun. Souvent, la paix et l'harmonie remplacent la colère et l'amertume d'autrefois, dès que nous commençons à traiter tous et chacun comme des personnes importantes et que nous nous montrons vraiment attentifs à ce que les autres ont à dire. C'est alors que la volonté de notre Dieu d'amour se manifeste par notre intermédiaire. Ainsi fonctionnent les groupes OA.

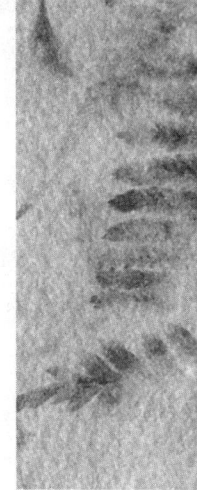

La seule condition requise pour être
membre des OA est le désir d'arrêter
de manger compulsivement.

Dans la plupart des associations, il faut satisfaire un certain nombre de conditions pour être membre. Ce n'est pas le cas chez les Outremangeurs Anonymes. Ici, une seule exigence : le désir d'arrêter de manger compulsivement.

Quiconque veut arrêter de manger compulsivement ne se verra pour aucune raison fermer la porte des OA. Nos membres viennent de divers horizons, appartiennent à toutes les races et à toutes les religions. Chez nous, on trouve des gens de toutes tendances, de toutes allégeances politiques, de toutes orientations sexuelles; il y a aussi des gens de tous les âges, de toutes les classes sociales ou économiques, des gens avec des échelles de valeur différentes. Il n'y a personne de trop gros, de trop maigre – ni de trop normal – pour les OA. C'est ce que croit pourtant le nouveau qui nous dit : « Je n'ai que cinq kilos à perdre. Suis-je à ma place ici? » La réponse est simple : il n'y a chez les OA aucune règle en ce qui concerne le poids.

Les outremangeurs ne vivent pas tous leur maladie de la même façon, n'ont pas tous la même expérience de la compulsion, mais ils peuvent tous joindre nos rangs. Par exemple, certains ont fait nombre de régimes alors que d'autres ignorent tout de ces méthodes. Certains ont connu des orgies alimentaires, d'autres pas. Certains ont jeûné, d'autres pas. Certains ont essayé de se purger en recourant à toutes sortes de moyens, d'autres pas. Il y a tout aussi bien parmi nous des gens qui outremangeaient lorsqu'ils étaient enfants et d'autres que la maladie n'a pas atteints avant l'âge de la retraite. En résumé, peu importe la forme que votre souffrance a prise, si vous voulez arrêter de manger compulsivement, vous êtes les bienvenus.

Parmi nous, il y a différentes conceptions du mode de vie – c'est-à-dire des Étapes et des Traditions – et les opinions varient sur la meilleure façon de le mettre en œuvre. On ne chasse pas quelqu'un du Mouvement parce qu'il ne met pas les Étapes en pratique, ou parce qu'il ne se fait pas parrainer ou parce qu'il ne se sert pas des outils de la même façon que les autres.

Faut-il conclure que les Étapes, les Traditions et les outils n'ont finalement pas tellement d'importance? Non, ils constituent d'ailleurs la différence essentielle entre OA et toutes les autres méthodes que nous avons essayées pour venir à bout de notre compulsion alimentaire. Le rétablissement est un voyage continu, et la route que nous suivons ensemble est précisément le mode de vie en douze Étapes. Le but de la Troisième Tradition est de faire en sorte que cette route soit toujours accessible à quiconque veut s'y engager. Dans l'esprit de cette Tradition, nous disons que deux personnes ou plus réunies dans le but de vivre les Étapes et les Traditions constituent un groupe OA si ces personnes, en tant que groupe, n'ont aucune autre appartenance.

Comme le dit la Troisième Tradition, la condition essentielle d'appartenance aux OA est le désir de s'abstenir, ou de se retenir, de manger compulsivement. Nous parlons d'abstinence, mais nous ne nous entendons pas toujours sur la définition exacte du terme. Sur ce sujet, les opinions varient beaucoup. Personne n'est mis à la porte des OA à cause de sa façon originale de concevoir l'abstinence. Il faut aussi noter que nous parlons du désir d'arrêter de manger compulsivement, ce qui signifie que ceux qui ne sont pas abstinents sont les bienvenus parmi nous. Abstinents ou pas, nous encourageons les gens à nous revenir. En fait, beaucoup de membres pourraient vous dire que c'est justement parce qu'ils sont revenus encore et encore qu'ils ont fini par se remettre. La porte n'est jamais fermée à ceux qui retournent manger compulsivement. D'ailleurs, beaucoup de OA ont pu le vérifier, et notamment ceux qui, après des années d'abstinence, avaient perdu espoir à cause d'une abstinence chancelante ou d'une rechute.

Dans certains groupes, on a déjà vécu des situations très désagréables où quelqu'un venait troubler le déroulement harmonieux des réunions. Même des personnes aussi dérangeantes ne seront pas irrémédiablement expulsées de la salle; nous ne pouvons pas leur refuser la chance de se rétablir. Il n'en reste pas moins que les groupes doivent protéger leurs membres contre toute forme de violence ou de harcèlement. Il est arrivé que des groupes aient été forcés de faire sortir quelqu'un qui devenait dangereux. Heureusement, ces cas sont rares.

Pour nous, mieux vaut essayer de régler les problèmes de comportement en prenant à part un filleul ou une filleule turbulente. Les réunions OA ne peuvent pas être toujours parfaites, mais cela ne nous empêche pas de progresser. Quelles que soient les épreuves du groupe, non seulement il s'en sortira, mais il s'en sortira plus fort qu'avant si les individus ont été traités avec respect et amour.

Tout au long de notre histoire, des groupes ont posé des exigences autres que le simple désir d'arrêter de manger compulsivement. On en a vus exiger de leurs conférenciers d'avoir suivi un plan alimentaire précis pendant une période déterminée. Ailleurs, un membre ne pouvait pas témoigner de son rétablissement sans la permission de son parrain ou de sa marraine.

Rendre ainsi conditionnel le droit de parole, n'est-ce pas agir en contradiction avec l'esprit de la Troisième Tradition? N'est-ce pas poser des limitations à l'appartenance effective à un groupe? C'est ce que croit la conscience du Mouvement dans l'ensemble, mais les discussions sur ce point n'ont quand même pas manqué. Nous devons aussi prendre en compte l'autonomie des groupes, qui est aussi enchâssée dans une des Traditions OA dont le respect est des mieux garanti. Il faut aussi dire qu'un grand nombre d'outremangeurs se sont rétablis dans des groupes « à conditions ».

Aux réunions mondiales des Services généraux de 1983, 1987 et 1989, les délégués ont travaillé à la mise au point d'une formulation faisant état à la fois de l'autonomie des groupes et de l'accueil chaleureux que devraient y trouver tous les outremangeurs compulsifs. Voici la déclaration à laquelle les délégués ont abouti : « Le Mouvement des Outremangeurs Anonymes respecte l'autonomie de chacun de ses groupes membres. Cependant, comme Mouvement, nous aimerions que tout groupe dit « spécialisé », c'est-à-dire imposant des conditions particulières ou ayant une orientation spécifique, fasse savoir à ses membres que ni les conditions ni les orientations en cause ne sont endossées par le Mouvement. Nous rappelons que la seule condition d'admission est le désir d'arrêter d'outremanger compulsivement. Toute personne qui se dit membre des OA l'est effectivement. OA accueille à bras ouverts tous ceux qui veulent en faire partie ».

Il y a toujours de ces groupes spécialisés au sein du Mouvement. Nous pensons par exemple aux groupes qui sont particulièrement orientés vers les membres qui ont eu une rechute ou encore à ce que nous appelons les groupes d'Étapes ou groupes d'étude des Étapes. Dans ces groupes, on demande aux participants de s'engager à être assidus aux réunions et à s'acquitter d'une tâche donnée. Les groupes dits « spécialisés » peuvent constituer une aide précieuse pour des membres qui ont besoin d'un coup de pouce particulier ou qui veulent améliorer leur pratique du mode de vie. Quoi qu'il en soit, nous préférons que les groupes à participation limitée ne s'inscrivent pas auprès des Services mondiaux.

Il y a aussi des regroupements OA orientés vers une clientèle bien définie. On trouve, par exemple, des groupes pour nouveaux membres, des groupes pour femmes ou pour hommes seulement, des groupes pour gais ou lesbiennes, des groupes pour vomisseurs, des groupes pour minces, etc. Ces groupes thématiques peuvent figurer au registre des Services mondiaux; c'est pourquoi ils ne sont pas censés refuser à un membre ordinaire ni l'accès de leur salle ni le droit de s'exprimer pendant la réunion.

Nous cherchons à ne pas exclure de nos activités les outremangeurs comme nous qui souffrent encore; nous ne voulons pas non plus leur compliquer l'itinéraire qui pourrait les amener au rétablissement. Ce serait répéter ce que nous avons connu avant d'arriver chez les OA : le sentiment que le reste du monde ne comprend ni les outremangeurs compulsifs ni leurs problèmes. Pour nous, OA est le seul endroit où nous nous sentons vraiment chez nous.

Perpétuons-nous cette tradition d'accueil? Le groupe peut se poser les questions suivantes au sujet de sa façon de vivre la Troisième Tradition :

Encourageons-nous tous et chacun à participer à nos échanges et discussions ?

Recevons-nous chaleureusement tous les outremangeurs ou avons-nous tendance à faire sentir à certains qu'ils ne sont pas les bienvenus chez les

OA en général et dans notre groupe en particulier ?

Dans notre groupe, les échanges portent-ils sur ce que nous avons en commun en tant qu 'outre-mangeurs ?

Avons-nous des préjugés quant à l'âge, la race, la langue, l'instruction, la façon de s'habiller, les convictions (ou l'absence de convictions) religieuses ou politiques des gens? Sommes-nous influencés par ces facteurs extérieurs lorsqu'il s'agit de venir en aide à un outremangeur ou à une outremangeuse, en personne ou au téléphone?

Lorsqu'une personne célèbre se joint à nous, nous laissons-nous impressionner par sa réputation, sa profession, sa notoriété dans un autre Mouvement d'Étapes? Traitons-nous tout le monde de la même façon, célébrités comprises?

Nous faisons-nous un point d'honneur d'aller vers les nouveaux même lorsqu'il s'agit de personnes peu engageantes par leur allure ou leurs manières. Disons-nous aussi à ces gens-là qu'ils sont les bienvenus parmi nous?

Accueillons-nous toujours comme il se doit tous les membres, y compris ceux qui ont déjà critiqué les pratiques de notre groupe?

Avant de venir chez les OA, nous aimions parfois nos amis, nos parents, nos collègues et compagnons de travail de façon conditionnelle. « Je t'aime quand...,

« Je t'aimerai si... », C'est ce que nous leur disions le plus souvent. Pour devenir nos amis, les gens devaient absolument répondre à des critères fixés par nous et nous pratiquions une forme de chantage du genre : « Si tu ne te ranges pas à mon avis, je considère que tu ne m'aimes pas. » Ici, dans le Mouvement, nous pouvons diverger profondément d'opinion avec quelqu'un sans que cela nous empêche d'être des amis, de nous aimer et de nous aider.

La mise en pratique de la Troisième Tradition nous réserve parfois des surprises en nous faisant découvrir des amis là où nous ne pensions jamais ou n'aurions jamais voulu en trouver. Pour avoir accès à ces surprises, il nous suffit d'être attentifs, d'ouvrir notre cœur aux autres. Rappelons-nous d'abord que les OA nous ont révélé les richesses de l'amour et que, pour presque tous les outremangeurs, OA a été la première expérience d'acceptation inconditionnelle. Notre Troisième Tradition peut se résumer dans cette phrase : Chez nous, chez les OA, vous êtes aussi chez vous, si vous le voulez. Bienvenue!

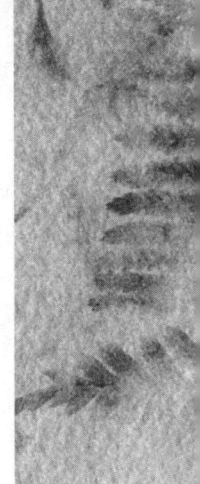

Chaque groupe devrait être autonome,
sauf pour des questions concernant d'autres
groupes ou l'ensemble du Mouvement.

Nous disons souvent que chez les OA, il n'y a que des suggestions, pas d'obligations. Chacun de nous est responsable de son propre rétablissement et tout à fait libre de pratiquer ou non les Douze Étapes. Les groupes ont la même liberté. En vertu de notre Quatrième Tradition, celle qui parle d'autonomie, chaque groupe OA a le droit et la responsabilité de choisir sa façon de fonctionner, selon ses besoins et sans subir de pressions extérieures.

Pour OA, autonomie veut aussi dire indépendance, c'est-à-dire qu'un groupe OA, comme entité, ne peut avoir aucune autre affiliation que les Outremangeurs Anonymes. Lorsque nous parlons d'autonomie, nous voulons aussi dire qu'aucun autre groupe ni comité de service même s'il s'agit d'une instance OA - n'a le droit d'imposer quoi que ce soit à un groupe. La Quatrième Tradition ne pose qu'une limite à l'autonomie des groupes : cette indépendance s'arrête là où les actions d'un groupe donné pourraient nuire aux autres groupes OA ou à l'ensemble du Mouvement.

Comme on l'a déjà dit, la Quatrième Tradition reconnaît à chaque groupe la liberté de fonctionner selon ce qui lui convient le mieux. Par exemple, les

groupes décident eux-mêmes de leurs pratiques particulières tout comme ils décident du lieu, de l'heure et
de la formule de leurs réunions. Chaque groupe
assume entièrement ses décisions, et ses erreurs, sous la
conduite de sa seule conscience de groupe, sans intervention de quelque organisme directeur que ce soit.

En raison même de cette autonomie, on se sent
souvent dérouté dans une réunion différente de la
nôtre et on est porté à dire : « Mais, ce n'est pas comme
ça que ça doit se faire. Ici, ils sont dans l'erreur. Je
retourne dans mon groupe à moi! Et vite! » Mais nous
nous rendons compte un jour ou l'autre que tous les
groupes OA du monde se ressemblent sur un point :
l'atmosphère est partout la même. Partout, les réunions
se déroulent dans un climat imprégné des principes des
Douze Étapes et des Douze Traditions qui mènent au
rétablissement. Cette constatation est réconfortante.

Si l'on retrouve toujours le même esprit d'une
réunion à l'autre, nous le devons en très grande partie
à notre Quatrième Tradition. En effet, cette Tradition
garantit l'autonomie de chaque groupe tant que les
gestes du groupe n'ont pas de répercussion sur d'autres
groupes ou sur le Mouvement OA dans son ensemble.
Voici des exemples :

Un groupe OA abuserait de son autonomie s'il ne
s'appuyait pas d'abord et avant tout sur les Étapes et
sur les Traditions. Tout groupe qui se dirait affilié à
OA sans mettre en avant les principes de base du
Mouvement tromperait les outremangeurs compulsifs
sur la nature même du programme OA et, du coup,

nuirait à l'ensemble de notre association. Il faut toujours se rappeler cette définition informelle d'un groupe OA : deux outremangeurs compulsifs ou plus réunis dans le but de vivre les Étapes et les Traditions constituent un groupe OA si ces personnes, en tant que groupe, n'ont aucune autre appartenance.

Le groupe qui néglige d'appliquer tout ou partie des Traditions est source de discorde dans le Mouvement. Dans certains groupes, on a vu les dissensions prendre toute la place et devenir plus importantes que la transmission du message de rétablissement. D'autres s'en remettent toujours aux mêmes membres pour assurer le fonctionnement du groupe, refusant ainsi de faire confiance à Dieu, qui se manifeste dans les consciences de groupe. Parfois, des groupes, à l'encontre de la Troisième Tradition, ont des règlements d'admission. Prenons maintenant la Septième Tradition : elle stipule que chaque groupe doit subvenir à ses besoins par ses propres contributions. C'est donc y déroger que d'accepter d'un organisme étranger un local ou des services (photocopie, café, etc.) gratuits. C'est aussi enfreindre une Tradition, la Cinquième, que d'annoncer dans un groupe des publications ne portant pas le sceau des OA ou encore de mettre l'accent sur autre chose que les moyens de se sortir de la compulsion alimentaire. Agir ainsi, c'est oublier notre but premier. Les Sixième et Septième Traditions ont été violées par des groupes qui profitaient des réunions pour faire la promotion d'entreprises ou d'idées étrangères au Mouvement. On a aussi vu des groupes ou des individus ne pas respecter l'anonymat des membres alors que deux de nos Traditions parlent expressément de cet important aspect de notre mode de vie. Comme on le voit, en de multiples occasions - et nous n'avons pas fait le tour - les groupes négligent les principes enchâssés dans nos Traditions.

Bien entendu, un groupe qui enfreint une Tradition ne se voit pas exclu sans autre forme de procès... D'ailleurs, si c'était le cas, nous nous demandons bien où le Mouvement serait rendu! De toutes façons, la cause habituelle des infractions aux Traditions est le manque d'information et non la transgression consciente. Dans la plupart des cas, les membres qui connaissent les Traditions prennent leurs responsabilités en informant le groupe qu'il est dans l'erreur. Cette mise au point provoque des échanges fructueux sur les Douze Traditions et, après la discussion, le groupe décide généralement de respecter ces principes qui ont depuis longtemps fait leurs preuves.

Les discussions sur les Traditions ne portent pas nécessairement leurs fruits sur le coup, mais en peu de temps le groupe se rend compte de l'importance de toutes les Traditions. La raison d'être des Traditions est de nous éviter des problèmes. D'ailleurs, lorsqu'un groupe s'en écarte, il se prépare des ennuis et, si les difficultés ne surgissent pas de façon concrète et immédiate, c'est l'atmosphère qui se trouve altérée. On ne retrouve plus dans le groupe le climat positif de naguère. Des membres s'en vont, et l'enthousiasme baisse tellement que la survie du groupe est en péril. Si une personne au fait des principes OA attire alors l'attention sur une possible dérogation à une Tradition, il est certain que la conscience du groupe se chargera de remettre le groupe sur la bonne voie.

Dans le cas extrême où un groupe OA nuit à l'ensemble du Mouvement en refusant de se conformer à nos principes, ce groupe risque d'être rayé de la liste des réunions publiée par l'Intergroupe ou un autre comité de service. Mais jamais on ne prendra de mesures semblables avant d'avoir très attentivement étudié la question. En effet, il faut bien prendre garde de se servir de la force de la majorité contre un groupe minoritaire dont le seul tort serait d'avoir du mode de vie une vision originale, mais qui ne porte pas réellement atteinte aux OA dans leur ensemble. La décision de ne pas inscrire un groupe sur la liste des réunions peut aussi être très émotive ou inspirée par un conflit de personnalités. Dans ces circonstances, agir sous l'impulsion, c'est enfreindre la Tradition de l'autonomie et mettre en péril l'unité des OA.

En 1988, les administrateurs OA ont décidé de ne pas inscrire sur nos listes ceux des groupes qui imposent des conditions d'admission. Mais le Conseil a aussi reconnu à chaque groupe le droit, entre autres, d'avoir des critères d'abstinence pour ses responsables ou encore pour ses conférenciers. En effet, dans ce dernier cas, il ne s'agit pas de conditions d'entrée dans le Mouvement. Cette résolution n'a quand même pas manqué de soulever la question du respect de la Quatrième Tradition, qui dit : chaque groupe devrait être autonome... Pour être certains de respecter l'autonomie des groupes prévue par notre Quatrième Tradition, nos chefs ont alors décidé de laisser chaque groupe juger par lui-même si les limites placées à tous les niveaux de participation constituaient des préférences ou des exigences.

Quand nous parlons d'autonomie pour les groupes, nous voulons aussi dire qu'ils ne sont soumis à aucune influence extérieure au Mouvement.

Même lorsque le local nous est fourni par un organisme, nous ne laissons pas ce dernier imposer quoi que ce soit au groupe. Évidemment, si nous nous réunissons dans un hôpital, une salle communale, une école, un bâtiment religieux ou dans tout autre immeuble public ou privé, nous nous conformons à tous les règlements de l'établissement en matière de tabac, de propreté, de silence ou de bruit; nous respectons les règlements de stationnement et nous payons bien notre loyer.

En aucune circonstance des personnes étrangères aux OA ne peuvent restreindre le droit des membres à prendre part à nos réunions ou à s'y exprimer. Personne n'a le droit, par exemple, de nous contraindre de réserver notre groupe aux fidèles de l'église où se tient la réunion, aux malades d'un hôpital, au personnel d'un établissement ou aux habitants d'une localité; se plier à pareille exigence, c'est aller à l'encontre du principe et de la pratique OA voulant que nos portes soient ouvertes à tous ceux qui veulent arrêter de manger compulsivement. C'est clair : aucune personne, aucun organisme extérieurs au Mouvement ne peut imposer de règles de fonctionnement à nos groupes OA.

Une situation semblable s'est présentée dans les premières années du Mouvement. Les membres d'alors étaient peu familiarisés avec le concept OA de l'autonomie des groupes. Certains ont inséré dans leurs réunions des pratiques propres à l'église qui les accueillait. On y a vu imposer les mains sur ceux qui avaient des difficultés et prier pour que le mode de vie devienne pour eux facile à suivre.

Dans ce groupe, la participation a vite atteint le nombre impressionnant de 300 membres. Mais certains, convaincus qu'ils avaient été miraculeusement et définitivement délivrés de la compulsion alimentaire, ont oublié les Étapes. En peu de temps, la maladie et la souffrance les ont rattrapés. Quant au groupe, en quelques mois, il s'est rétréci jusqu'à ne plus compter qu'une poignée de membres. Puis il a fermé.

Notre jeune association a tiré une importante leçon de cette expérience, Nous avons réalisé que les OA doivent absolument demeurer indépendants pour vivre selon leurs Traditions et ainsi préserver dans son intégrité le programme de rétablissement en Douze Étapes.

Les groupes ont acquis de la maturité; ils ont trouvé des façons originales de fonctionner qui, tout en correspondant à leurs besoins particuliers, respectent les Traditions OA. Les groupes dits « ciblés » en sont un exemple. Ces groupes, nombreux, s'adressent à une population précise (ex. : les 25 ans ou moins, les lesbiennes, ceux qui maintiennent leur poids, ceux qui ont perdu au moins cent livres, ceux qui vivent une rechute). Ils sont libres d'adopter la formule de réunion qui leur convient, mais ils doivent rester ouverts à tous les outremangeurs quels qu'ils soient. Tous les membres du groupe ont aussi le droit de se prononcer sur la conduite et les affaires du groupe. Les groupes ciblés qui respectent ces principes fonctionnent normalement et assurent à leurs membres le rétablissement attendu.

La philosophie de la Quatrième Tradition est de laisser chaque groupe faire ses choses à sa façon et tirer leçon de ses expériences. En même temps, cette Tradition donne à chacun la double assurance que le Mouvement ne sera pas atteint par les maladresses d'un groupe en particulier et que l'ensemble des groupes continuera à mettre l'accent sur les Douze Étapes et sur les Douze Traditions.

Vivre en conformité avec la Quatrième Tradition des OA, c'est apprendre à agir en toute autonomie tout en continuant à vivre en harmonie avec les autres. C'est aussi pour chacun assumer la responsabilité de ses actes et de leurs conséquences et c'est aussi se reconnaître responsable de son rétablissement. Le parrainage ou toute autre forme d'aide à un membre nous fournit l'occasion de pratiquer le respect de l'autonomie et de la liberté des autres. Dans le même ordre d'idées, nous apprenons à accepter le secours des autres sans nous attendre toutefois à les voir faire pour nous ce qu'il nous revient de faire pour nous-même. En bref, la Quatrième Tradition nous permet de délimiter notre propre territoire et celui de nos groupes, de façon à nous mettre à l'abri des influences malheureuses; de plus, grâce à cette Tradition, nous pouvons exprimer nos besoins ouvertement; nous n'avons pas le droit cependant d'exiger des autres qu'ils répondent à ces besoins si cela doit leur porter préjudice.

Respectons-nous bien la Quatrième Tradition? Le questionnaire qui suit nous aidera à évaluer notre groupe sur ce point.

En tant que groupe OA, avons-nous tendance à croire qu'il n'y a qu'une ou deux bonnes façons de faire les choses? Respectons-nous le droit des autres groupes d'avoir des habitudes et des pratiques différentes des nôtres?

Les décisions émanant de la conscience de groupe reflètent-elles toujours notre souci du bien-être des OA ? Décidons-nous aussi dans cet esprit-là de l'affectation de l'argent du groupe, de la tenue de nos activités, de notre formule de réunion?

Nous sommes-nous déjà arrêtés à penser que les attitudes de notre groupe déterminent très souvent la première impression que les nouveaux ont du Mouvement?

Nous arrive-t-il de nous demander quelle idée le public peut se faire des OA en regardant fonctionner notre groupe?

Prenons-nous le temps d'étudier les Traditions? Quand vient le moment de voter sur une question, la conscience de groupe tient-elle bien compte de toutes les Traditions?

Notre groupe est-il réellement à l'abri des influences extérieures?

Appliquons-nous bien le principe de l'autonomie? En d'autres termes, est-ce que nous assumons les conséquences de nos décisions sans essayer d'influencer les décisions des autres?

Nous avons tous besoin de l'équilibre garanti par la Tradition de l'autonomie qui permet à chacun de rester une personne originale au sein d'un groupe particulier. La Quatrième Tradition nous met en face de nos responsabilités comme individu, comme membre d'un groupe et comme membre d'une association. Nous devons trouver un juste équilibre entre nos responsabilités envers nous-même et celles que nous avons envers nos amis OA. Pour y arriver, nous travaillons main dans la main sur la voie du rétablissent et, ensemble, nous progressons.

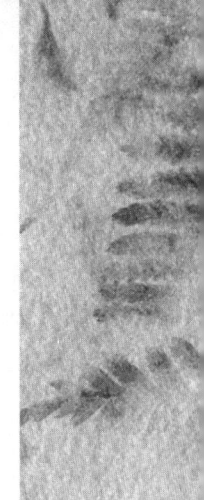

Chaque groupe n'a qu'un but primordial: transmettre son message aux outremangeurs compulsifs qui souffrent encore.

Tous les outremangeurs compulsifs se sont vu offrir une série de solutions à leurs problèmes : cures diverses, clubs de régime, piqûres, pilules, régimes liquides, thérapies... Les OA se démarquent de toutes ces organisations qui veulent l'adhésion et l'argent des outremangeurs compulsifs; ils mettent à notre disposition un programme spirituel qui a sauvé la vie à des milliers de personnes désespérées. Parce que le Mouvement nous a fait découvrir une façon normale de vivre et de manger, nous avons la responsabilité de veiller à ce qu'il ne s'écarte pas de son objectif. Les groupes OA existent pour que des outremangeurs mettent à la portée d'autres outremangeurs notre méthode de rétablissement : les Douze Étapes et les Douze Traditions. Tant et aussi longtemps que ses membres se souviendront de la raison d'être des OA, le Mouvement continuera d'apporter aide et réconfort aux outremangeurs qui souffrent du même mal que nous.

Une des grandes raisons de la fidélité de nos groupes à notre but premier, c'est que cette orientation est à la base de notre Douzième Étape. L'expérience nous a enseigné que nous ne pouvons garder notre bien-être que si nous en faisons profiter d'autres, ce qui veut dire transmettre le message OA. D'ailleurs, nous constatons qu'en parlant surtout du contenu des Étapes et des Traditions, en disant à d'autres comment nous y avons trouvé la solution à notre façon de manger maladive, nous ne faisons pas que porter le message, nous nous le rappelons à nous-mêmes. Peu importe le « degré » de rétablissement que nous avons atteint, nous avons toujours besoin de réentendre ces principes. Toutes les fois que nous partageons avec des outremangeurs souffrants, nos expériences, notre force et nos espoirs, nous remettons ce que nous avons reçu. Chaque fois, nous apportons de l'eau au moulin OA, une eau porteuse de guérison tant pour nous que pour les autres.

Qui plus est, en tant qu'outremangeurs, nous sommes mieux placés que les mangeurs normaux pour aider ceux qui souffrent comme nous. Ne devons-nous pas notre propre bien-être à d'autres membres OA? Notre médecin, notre famille, nos amis, bref, tous ceux qu'inquiétait notre façon de manger, ont essayé de nous aider par leurs conseils. C'était comme si nous ne les entendions pas. Nous avions l'impression qu'ils ne nous comprenaient pas. Et voilà que chez les OA, nous avons trouvé des personnes qui avaient agi exactement comme nous et avaient senti exactement les mêmes choses que nous! Nous buvions leurs paroles. Nous voulions savoir comment elles s'en étaient sorties. Nous avons alors commencé à comprendre une des idées maîtresses du mode de vie : les outremangeurs actifs ont une meilleure chance de trouver l'aide qu'il leur faut en s'adressant à quelqu'un qui a connu la même souffrance qu'eux plutôt qu'en se tournant vers leurs proches ou leur médecin. Parler en toute sincérité de nos propres combats contre la maladie, en parler pour illustrer les phases de notre rétablissement, c'est transmettre au nouveau ou à la nouvelle un message de force et d'espoir qui n'existe nulle part ailleurs que dans notre Mouvement.

Notre Cinquième Tradition nous rappelle aussi qu'il ne suffit pas de nous raconter nos problèmes pour nous rétablir. Les solutions, c'est dans le contenu du message OA – dans les Douze Étapes et les Douze Traditions – que nous allons les trouver. Et ce message ne repose pas sur l'exposé de nos difficultés mais sur des principes et des attitudes, qui devraient être le principal sujet de nos réunions. Ce sont l'honnêteté et l'intégrité, la foi, le courage et l'espoir, l'humilité, la bonne volonté, le lâcher prise, la discipline personnelle, la persévérance, l'amour, l'acceptation, le service aux autres, l'ouverture d'esprit, la vie spirituelle, la confiance, l'égalité, l'unité et la fraternité. Ils devraient aussi marquer nos rapports avec nos filleuls OA, que nous aidons davantage par notre écoute attentive que par des recommandations et avec qui nous partageons notre expérience active du mode de vie OA.

Nos groupes ne sont pas des associations mondaines même si nous nous y faisons de merveilleux amis que nous avons toujours hâte de revoir. Si nous respectons la Cinquième Tradition, nous n'oublierons pas le risque de disparaître pour tout groupe dont les membres forment des cliques qui ne s'occupent jamais des nouveaux, ne les accueillent pas ni ne leur expliquent les principes de base de notre programme de rétablissement. Pour illustrer ce fait, nous citerons l'expérience d'une membre OA telle que celle-ci nous l'a rapportée :

« Lorsque je suis arrivée chez les OA, souvent j'entendais les animateurs nous inviter à profiter de la pause pour aller nous présenter aux nouveaux. Comme beaucoup d'autres membres, je ne suis jamais passée à l'action. Dieu seul sait combien d'outremangeurs ne sont jamais revenus au Mouvement à cause de cette attitude. Certains ont dû nous trouver bien exclusifs...

Les choses ont pris une autre tournure quand j'ai dû déménager dans une ville où OA n'existait pas. Ma marraine m'a encouragée à fonder un groupe. Malgré ma peur, j'ai relevé le défi. Nous avons eu un petit groupe – quatre personnes seulement – mais nous nous proposions bien de prendre de l'expansion. Nous attendions les nouveaux avec impatience, mais ils n'arrivaient pas...

Bientôt deux de nos membres nous ont annoncé ne plus pouvoir venir à cause de conflits d'horaire.

À la même époque, avant le départ de nos deux habitués, il s'est présenté une nouvelle. À la réunion, nous voulions tous nous en occuper; à la pause, tout le monde est allé lui parler. J'ai alors constaté que ma peur de m'approcher des nouveaux avait complètement disparu. Mon désir de m'en sortir en avait eu raison.

Désormais, je n'évite plus les nouveaux. Au contraire, je leur ouvre tout grand les bras; je les remercie aussi d'être là et je les invite à revenir. Résultat : le groupe fête son premier anniversaire ! »

Notre formule : « l'outremangeur compulsif qui souffre encore » ne concerne pas seulement les nouveaux membres, mais peut aussi s'appliquer à des membres de longue date qui se débattent avec la maladie ou avec un autre problème. La rechute de l'un des nôtres ou le fait de voir un membre aux prises avec de graves ennuis personnels nous effraient parfois; notre peur peut nous amener à juger la personne qui n'est plus abstinente ou n'arrive pas à sortir de ses difficultés. Souvent, pour éviter de voir cette situation de trop près, nous évitons la personne en cause. Est-ce que nous n'utilisons par le prétexte qu'il faut « se tenir avec les gagnants », pour ne pas aller vers les membres en rechute ou pour ne pas appeler des amis OA que nous ne voyons plus aux réunions? Si c'est le cas, nous avons oublié notre but premier : transmettre le message OA aux outremangeurs qui souffrent, y compris à ceux qui ont déjà entendu notre message des dizaines de fois.

Notre Cinquième Tradition nous fait aussi penser de sortir de notre propre groupe, de nous intéresser aux outremangeurs compulsifs qui n'ont jamais assisté à une réunion OA. Pour atteindre notre but premier, la diffusion du message, nous devons aussi faire tout ce que nous pouvons pour joindre ces outremangeurs inconnus. C'est pourquoi chaque groupe consacre une partie de son budget au maintien des intergroupes, des comités régionaux et des Services mondiaux qui, ceux-là, ont des moyens de répandre largement le message, de tendre la main secourable des OA de façon plus efficace que ne le peuvent les groupes individuels. Voici un aperçu des actions qu'ils peuvent mener pour assurer la continuité du Mouvement. Ces entités OA ont à leur disposition des services divers, téléphoniques ou autres; elles sont en mesure d'utiliser les médias à des fins de sensibilisation ou pour faire connaître l'existence d'un groupe; on y trouve ce qu'il faut pour organiser des manifestations particulières comme les congrès ou des journées thématiques; c'est là que se publient les listes de réunions et les publications sur le programme OA; ces organismes connaissent les personnes à envoyer dans les écoles, les hôpitaux ou les associations pour présenter le Mouvement.

Si nous revenons à nous, nous pouvons nous rappeler qu'avant de connaître le mode de vie OA, beaucoup d'entre nous ne vivaient que pour manger. Désormais, unis à d'autres outremangeurs, nous avons un autre objectif dans la vie. Le temps est venu de nous demander si nous pensons et agissons en fonction de notre nouveau but : transmettre un message d'espoir et de rétablissement. Pour le savoir, nous allons répondre à un petit questionnaire :

> *Dans notre groupe, quelle est l'importance de « notre objectif premier »? Parlons-nous surtout des Étapes, des Traditions, des outils, de la libération de la compulsion alimentaire?*

Accueillons-nous les nouveaux? Nous occupons-nous de chacun d'une façon particulière?

Avons-nous comme politique de souhaiter la bienvenue aux nouveaux, d'aller leur parler, de leur donner nos numéros de téléphone?

Y a-t-il dans notre groupe des membres disponibles pour parrainer ceux qui nous arrivent? Quelqu'un en particulier est-il chargé de téléphoner aux nouveaux ou de donner un coup de fil aux membres qu'on n'a pas vus depuis un certain temps?

Avons-nous oublié qu'un membre de longue date peut aussi être cet « outremangeur compulsif qui souffre encore »? Comment traitons-nous les anciens membres qui ont des problèmes person-nels ou des problèmes de compulsion alimentaire?

Essayons-nous de faire connaître le Mouvement dans le public pour que ceux qui ont besoin d'aide en entendent parler? Aidons-nous notre inter-groupe, notre association régionale et les Services mondiaux à diffuser le message OA?

Avons-nous parmi nous des bénévoles prêts à amener aux réunions ceux qui ont besoin d'aide comme les nouveaux ou les visiteurs de l'extérieur?

Nous occupons-nous bien de ceux qui reviennent au Mouvement après un certain temps? Avons-

nous oublié qu'un membre OA de longue date peut aussi être cet « outremangeur compulsif qui souffre encore »? Comment traitons-nous l'ancien membre qui se débat avec la maladie ou avec un autre problème?

La Cinquième Tradition aide les groupes comme les individus à ne pas compliquer les choses. Est-ce que nous ne nous sommes pas rendu compte qu'en nous concentrant sur notre objectif fondamental, le service aux autres, nous commencions à éliminer beaucoup de questions secondaires? En s'attachant à diffuser notre message d'espoir, chacun utilise son propre potentiel et met son talent au service des autres. Transmettre le message, c'est être réellement utile. Les résultats vont au-delà de ce que nous n'aurions jamais pu espérer; nous trouvons dans le service une profonde satisfaction, celle d'unir nos efforts à ceux d'autres outremangeurs, sur le chemin du mieux-être.

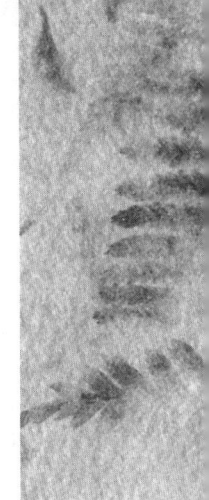

Un groupe OA ne doit jamais endosser ou financer un organisme apparenté ou étranger ni lui prêter le nom de OA, de peur que des soucis d'argent, de propriété ou de prestige ne nous distraient de notre objectif premier.

La Sixième Tradition incite les groupes à s'en tenir prudemment et exclusivement à notre objectif premier, défini par la Cinquième Tradition. Pour se conformer à la Sixième Tradition, dans le milieu OA, nos membres font abstraction de leurs autres intérêts, quels qu'ils soient.

Les bureaux des OA se font faire des offres de toutes sortes. Par exemple, des spécialistes vont nous proposer de venir nous parler de recettes de beauté ou de cures contre l'obésité. Même certains de nos membres, en quête d'un emploi, vont vouloir afficher leur offre de service sur nos tableaux... En fait, le Mouvement s'est vu proposer des associations avec des entreprises allant du spa au marathon de bienfaisance en passant par la publication de livres de recettes ou la publicité de restaurants.

Ce n'est pas tout : on a vu des membres OA mal informés se servir du bottin de leur groupe pour faire de la télévente. D'autres, qui ne connaissaient pas bien non plus les Cinquième et Sixième Traditions, ont fait la promotion de toutes sortes d'entreprises durant les réunions en essayant notamment d'y vendre des livres, des cures, des thérapies, des vitamines ou... des mouvements de renouveau religieux!

Toutes ces entreprises sont bonnes en elles-mêmes et méritent notre attention et notre soutien. Alors pourquoi les groupes OA ont-ils toujours refusé de s'associer à toute entreprise extérieure au Mouvement? La réponse peut se résumer en un mot : simplicité. En fait, il s'agit de ne pas mêler les choses, car toute activité extérieure aux OA, si bonne soit-elle, risque de nous faire perdre de vue notre seule raison d'être : transmettre le message OA, montrer aux outre-mangeurs compulsifs qui souffrent encore le chemin des Douze Étapes et du rétablissement.

Par le passé, dans certains groupes OA, on donnait ou vendait toutes sortes de publications non approuvées par le Mouvement. Mais avec le temps, et l'expérience, de plus en plus de groupes ont décidé de s'en tenir exclusivement à nos publications : livres, brochures, feuillets, etc. D'ailleurs, le fait d'offrir et de vendre du matériel étranger aux OA pourrait laisser croire que le Mouvement donne son aval à la philosophie exprimée par les auteurs de ces publications externes. Or, notre idéologie se trouve dans nos publications approuvées; elle se fonde sur les nombreux témoignages des membres OA qui doivent leur mieux-être à une philosophie elle-même profondément enracinée dans nos Douze Étapes et dans nos Douze Traditions.

La Sixième Tradition offre aux groupes un outil supplémentaire pour remplir leur mission fondamentale, transmettre le message OA. Si on laisse les gens faire des discours à saveur religieuse, si des membres d'autres mouvements anonymes vont parler de leur autre affiliation devant le groupe, si, encore, les nouveaux n'ont aucun moyen de distinguer les publications OA de celles d'autres organismes ou si les membres qui ont mis leur numéro de téléphone à la disposition du groupe sont, à cause de cela, importunés par des appels de sollicitation, on n'entendra bientôt plus parler du message OA tant il sera dilué. Ceux qui vivent encore les misères de la compulsion alimentaire ont besoin d'entendre parler de notre solution; c'est de notre message de rétablissement et des Douze Étapes qu'on doit les entretenir au cours des réunions ou au téléphone. Il faut aussi leur dire que chez les OA, il n'y a pas de piège puisqu'il n'y a pas d'obligations, que nous n'avons à répondre devant personne.

Pour soigner les désordres alimentaires, il y a bien d'autres thérapies que la méthode OA. Ces autres thérapies reconnaissent généralement la pertinence de notre méthode et ceux qui les pratiquent dirigent souvent leurs clients vers nous. Mais l'inverse n'est pas vrai : si les thérapeutes extérieurs au Mouvement affichent leur sympathie pour nous, par contre, nous n'appuyons jamais d'entreprises étrangères aux OA. Nous accueillons tous ceux qui veulent arrêter de manger compulsivement peu importe les moyens qu'ils prennent pour se soigner en dehors du Mouvement. Comme on le voit, OA ne se mêle jamais d'autre chose que de sa propre méthode; le Mouvement n'a rien à voir avec d'autres types de traitement que les Étapes.

Certains groupes se réunissent dans des salles appartenant à des sociétés commerciales ou autres, à des organismes publics ou privés. Le Mouvement n'est pas pour autant affilié à l'organisation qui met des locaux à sa disposition. En fait, les groupes OA ont toujours payé un loyer aux propriétaires des immeubles où se tiennent leurs réunions.

Voici une histoire sur la Sixième Tradition. Quelque part aux États-Unis, le département des désordres alimentaires d'un hôpital avait décidé d'amener régulièrement ses patients aux réunions OA. À la demande de l'hôpital, un groupe est venu s'y installer. En peu de temps, le Mouvement a compté dans ses rangs un grand nombre d'ex-patients. C'est ainsi qu'on entendait souvent des conférenciers OA mentionner explicitement l'établissement où ils avaient été soignés. En peu de temps, des gens tout juste sortis de l'hôpital et peu informés de nos Traditions se sont mis à faire la promotion de la thérapie de l'hôpital au cours des réunions OA. En fait, la chose est devenue tellement courante que, dans l'esprit de certains nouveaux, le Mouvement reconnaissait officiellement le traitement du centre hospitalier. En constatant la situation, un membre depuis longtemps au fait des Traditions est venu rappeler aux autres la philosophie de notre Sixième Tradition : ne jamais prêter le nom des OA à des entreprises qui lui sont étrangères. Cette observation provoqua dans la conscience de groupe une discussion houleuse.

Certains patients trouvaient les OA bien peu reconnaissants envers l'hôpital, qui avait tant aidé le Mouvement. Leurs principaux arguments étaient que sans cet établissement hospitalier, jamais ils n'auraient connu les OA et qu'ils avaient bien le droit d'en parler puisque cela faisait partie de leur expérience. Or, disaient-ils, c'est justement notre expérience que nous partageons.

Le groupe a réglé cette question de façon intelligente et fort simple. Il suffisait de laisser chacun libre de raconter son expérience, mais les conférenciers étaient priés de s'abstenir de nommer toute entreprise extérieure au Mouvement, y compris la thérapie spécifique de l'hôpital.

Depuis l'avènement de notre association, on a vu apparaître toutes sortes d'organisations et de thérapies destinées à soulager la misère des outremangeurs compulsifs. Nous avons déjà parlé du milieu hospitalier, mais il y d'autres programmes. Nous connaissons des entreprises à caractère social comme les clubs d'outre-mangeurs; il y a aussi des maisons de thérapie, fondées ou non sur les Étapes, des groupes thérapeutiques, des conseillers de toutes sortes, des rencontres de week-end, sans compter les librairies remplies de publications sur la compulsion alimentaire. Une des différences fonda-mentales entre toutes ces entreprises – dont certaines s'inspirent des Douze Étapes – et notre Mouvement se situe dans le respect des Douze Traditions. Les autres associations ne vivent pas suivant les Traditions. Par exemple, on trouve là des professionnels qui occupent des postes d'autorité; elles imposent des conditions d'admission autres que le désir d'arrêter de manger compulsivement; ce sont principalement des entreprises à but lucratif.

Ces aides extérieures ont souvent été profitables à nos membres. À titre personnel, chacun peut être reconnaissant d'avoir à sa disposition tant de moyens de rétablissement physique et spirituel. Un membre OA qui cherche du secours auprès de ces organismes n'a absolument pas à se sentir coupable. Mais il doit se rappeler qu'en conformité avec la Sixième Tradition, les OA ne sont en aucune façon associés à ces entreprises étrangères au Mouvement. C'est pourquoi nous faisons tout en notre pouvoir pour que personne d'autre que nous n'utilise le nom des OA et pour empêcher la promotion d'entreprises extérieures dans les réunions OA.

Le Mouvement n'est pas non plus affilié aux autres programmes fondés sur les Douze Étapes. Nous sommes tout à fait indépendants des AA, des Al-Anon ou même, là où ils existent, des groupes O-Anon, même si bon nombre d'entre nous fréquentent ces autres associations. Les OA ont souvent profité de la sagesse et de l'expérience de ces fraternités quand il s'est agi de prendre des décisions pour le Mouvement, mais nous ne faisons pas davantage partie de ces associations que celles-ci ne sont reliées à nous. L'objectif premier et exclusif des OA est de donner aux outre-mangeurs compulsifs la méthode des Douze Étapes et des Douze Traditions.

Comme nous l'avons expliqué dans le chapitre sur la Cinquième Tradition, dans nos groupes, nous nous concentrons surtout sur les moyens d'arrêter de manger compulsivement. Là où l'on parle trop des autres Mouvements, les outremangeurs ont l'impression que les problèmes traités dans ces associations et les associations elles-mêmes sont plus importants que la compulsion alimentaire ou que les OA. Il n'en est rien. Respecter la Sixième Tradition, c'est s'abstenir de faire allusion aux autres programmes analogues.

Parce que le Mouvement n'est relié à aucune entreprise extérieure, il est merveilleusement libre. En effet, nous n'avons pas à nous faire de souci à propos de nos sources de financement, nous avons un minimum de problèmes de gestion et nous n'avons pas à calculer les risques que nous font courir nos projets. Parce qu'ils sont résolument indépendants de toute attache externe, les groupes OA peuvent concentrer toute leur attention sur les solutions à la compulsion alimentaire plutôt que de tenter de régler des questions d'argent, de prestige ou de propriété comme celles qui déchirent le monde autour de nous.

Demandons-nous maintenant si notre groupe respecte bien la Sixième Tradition :

Prévenons-nous nos membres de ne pas parler d'entreprises extérieures aux OA pendant nos réunions? Ne prenons-nous pas plutôt prétexte du fait que plus nous en savons, mieux c'est et que, par conséquent, nous pouvons parfois passer par-dessus la Sixième Tradition?

Lors des réunions mensuelles, prenons-nous bien garde de ne pas affecter l'argent des OA au financement d'entreprises qui nous sont étrangères?

Diffusons-nous d'autres publications que les nôtres?

Nous gardons-nous de nous servir de nos relations OA pour faire de l'argent? Essayons-nous de ramener sur le chemin des Traditions quiconque veut utiliser à des fins commerciales nos listes de réunions et nos autres répertoires?

Lorsque nous témoignons de notre rétablissement, prenons-nous soin de ne pas laisser croire que OA appuie des entreprises qui lui sont étrangères, comme des établissements hospitaliers et des programmes de traitement des désordres alimentaires, comme aussi d'autres fraternités anonymes, des groupes religieux ou des clubs sociaux? Prenons-nous garde de ne pas laisser entendre que OA appuie d'autres publications ou thérapie que les nôtres? Faisons-nous en sorte de ne pas faire passer l'expérience OA au second plan, mais, au contraire de bien mettre notre méthode en évidence ?

Quand un membre OA ou un groupe se retrouvent avec de graves problèmes d'argent, de propriété ou de prestige, on peut être à peu près certain qu'ils se sont occupés de choses qu'ils auraient mieux fait de laisser à d'autres. Cela se produit souvent lorsque nous transportons dans le Mouvement nos obligations externes ou lorsque, par exemple, nous faisons dans nos groupes la promotion d'entreprises extérieures. L'attention des membres et les ressources du groupe ne peuvent plus alors être essentiellement au service de notre objectif premier, transmettre le message OA.

La formule « L'important d'abord » pourrait bien être le slogan de la Sixième Tradition. Chez les OA, nous apprenons à penser d'abord et avant tout à notre but premier. Et un des moyens d'y arriver est de laisser à l'extérieur tout ce qui pourrait nous empêcher de travailler efficacement à l'atteinte de cet objectif.

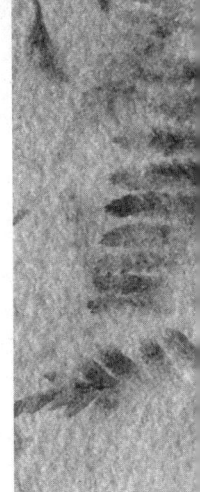

Tous les groupe OA doivent subvenir entièrement à ses besoins et refuser les contributions de l'extérieur.

La Septième Tradition découle naturellement des deux précédentes. Si nous voulons que le Mouvement des Outremangeurs Anonymes s'en tienne à son objectif premier et reste libre de toute attache extérieure, il faut forcément nous passer des contributions externes. Les OA doivent eux-mêmes subvenir à leurs besoins.

Bien sûr, le Mouvement a besoin d'argent pour vivre. Les groupes ont un loyer à payer, des achats de publications à faire. Lorsque des membres se réunissent pour former un Intergroupe, les chances de faire connaître le message OA se multiplient, mais les dépenses aussi. Les Intergroupes publient généralement des listes de réunions et maintiennent un service téléphonique; ils produisent des documents d'information; ils écrivent des articles pour les journaux locaux; ils organisent diverses rencontres comme les réunions mensuelles, les journées de gratitude et les congrès. Tout cela se paie. Un grand nombre d'Intergroupes couvrent les dépenses de bureaux locaux ou régionaux qui, eux aussi, ont des services de renseignements téléphoniques, vendent de la documentation OA et assurent le fonctionnement d'une équipe de Douzième Étape.

À l'échelle régionale, les comités de service organisent les congrès, publient nos bulletins, soutiennent les groupes et les Intergroupes en voie de formation. Ce ne sont là que quelques-uns des moyens qu'ils mettent en œuvre pour transmettre le message OA. Les Services mondiaux aussi jouent un rôle, et un rôle capital, dans le rétablissement de chacun d'entre nous. Par exemple, ils sont les éditeurs de nos livres et autres publications comme le *Lifeline*; ce sont les Services mondiaux qui tiennent à jour la liste internationale de nos groupes et répondent aux demandes de renseignements arrivant des quatre coins du monde.

C'est **nous** qui, par nos contributions, assumons les frais reliés à toutes ces activités. Nous n'exigeons rien de personne pour participer à nos réunions courantes. Il n'y a chez nous ni frais ni droits à acquitter, mais nous passons le « chapeau ». En général, les membres sont heureux d'apporter une petite aide financière au Mouvement comme à leurs groupes respectifs. D'ailleurs, les OA ne sont-ils pas **pour nous** la bouée de sauvetage qui nous fait sortir de notre maladie mortelle, la compulsion alimentaire ?

La Septième Tradition précise donc que c'est à nous, les membres, de pourvoir aux besoins pécuniaires du Mouvement. Nous ne demandons ni n'acceptons d'aide de l'extérieur. Sans doute, les OA aident-ils les gens qui souffrent, mais nous ne sommes pas une société de bienfaisance à laquelle on peut faire des dons. D'ailleurs, nous avons fixé un maximum à la somme qu'une même personne peut donner aux

Services mondiaux au cours d'une année.

Pourquoi toutes ces précautions? La raison est bien simple. Accepter des « cadeaux » de l'extérieur ou une grosse somme d'argent de la part d'un membre, c'est mettre notre indépendance en péril. Par exemple, nous pourrions nous habituer à cet argent facilement acquis sans jamais apprendre à nous acquitter de nos responsabilités, ni à régler nos dettes à même nos propres fonds. De plus, si nous devons soigner nos relations avec nos bienfaiteurs, nous risquons d'oublier notre objectif premier. Ceux qui nous aideraient seraient aussi fondés de se croire en droit de s'immiscer dans nos décisions. Ceux qui donneraient le plus pourraient avoir l'impression d'occuper une position dominante dans leur groupe. Voilà bien une cause fatale de conflit. Ne l'oublions pas : « notre autorité ultime est un Dieu d'amour tel qu'Il se manifeste dans la conscience de notre groupe ».

Il nous faut de l'argent pour fonctionner. En conformité avec la Septième Tradition, c'est à même l'argent collecté aux réunions que notre groupe règle toutes ses dépenses, loyer, achats de publications, fournitures et boissons. Nous avons aussi appris que les groupes ont intérêt à ne pas garder de grosses sommes en réserve. Lorsque les fonds d'un groupe viennent à dépasser ce qu'il faut pour faire face aux dépenses courantes, le surplus est envoyé à l'Intergroupe, à la Région et aux Services mondiaux. Avec les contributions des groupes, les SM se donnent les moyens de transmettre le message de façon plus efficace que ne le peuvent les groupes individuels. De toutes façons, nous savons que les groupes qui gardent une réserve trop grosse finissent par avoir des problèmes.

Voici l'exemple d'un bon groupe qui après une année d'existence n'avait toujours rien versé à son Intergroupe. Pourtant, le groupe avait grandi et fonctionnait de façon harmonieuse. Il gardait dans sa caisse beaucoup plus d'argent que nécessaire pour payer le loyer des trois mois à venir. Ses stocks de documentation étant suffisants, il n'entrevoyait pas l'achat prochain de publications.

Un jour, la trésorière souleva la question des sommes non utilisées et elle fit une proposition : « Notre problème, c'est que nous ne nous amusons pas assez. Prenons l'argent en trop et payons-nous une grande fête ! » Tout le monde n'était pas d'accord. Il y eut toutes sortes d'autres suggestions comme celle d'acheter un cadeau d'adieu au secrétaire qui déménageait. D'une proposition à l'autre sur l'affectation du surplus d'argent, les membres finirent par se quereller.

Dans la salle, il y avait quelqu'un qui avait trouvé le groupe grâce au service téléphonique de l'Intergroupe. Cette personne prit la parole pour demander que l'argent soit envoyé à l'Intergroupe. Elle voyait là une façon de venir en aide à d'autres outremangeurs compulsifs. Il fut alors beaucoup question des Cinquième et Sixième Traditions puis, on passa au vote. Après le vote, les membres avaient décidé de garder juste ce qu'il fallait d'argent pour faire face aux dépenses des trois mois à venir et de répartir le reste entre l'Intergroupe, la Région et les Services mondiaux. On allait ainsi contribuer à la diffusion du message OA.

En cette matière, il faut également se garder de tomber dans l'autre extrême. Ici aussi nous avons un exemple. Voici : un groupe estimant avoir en caisse suffisamment d'argent, prit la décision d'arrêter la collecte pour un temps. Évidemment, la question des fonds excédentaires se trouva réglée du coup. Cependant, le groupe négligeait aussi d'envoyer ses contributions à ceux qui auraient pu s'en servir : l'Intergroupe et les autres comités de service. Un membre attira un jour l'attention sur l'irrégularité de la situation, mais son intervention ne fut pas bien reçue. Quelqu'un d'autre objecta que la seule prescription de la Septième Tradition était, pour chaque groupe, de subvenir à ses propres besoins, que nulle part on ne demandait à qui que ce soit d'apporter une quelconque aide financière aux Intergroupes ou à leurs comités. Une troisième personne demanda : « L'Intergroupe et les autres comités ne travaillent-ils pas **pour nous** en dirigeant les nouveaux vers nos groupes? Comme ils font ce travail, nous devons les aider équitablement et leur donner de l'argent si nous voulons que le Mouvement respecte la Tradition de l'autonomie financière «

Au cours de la semaine, des membres dressèrent la liste de toutes les activités de l'Intergroupe en plus de son appui à chaque groupe : congrès, journées thématiques, listes de réunions, publications, et bien d'autres choses. La conclusion fut la même pour tout le monde : les regroupements régionaux, les Intergroupes et les SM font intégralement partie de chacun des groupes. Aussi, à la réunion mensuelle qui suivit, fut-il décidé de reprendre la pratique de la collecte libre.

Il y a aussi des cas où le Mouvement peut être appelé à venir en aide à un groupe aux prises avec des difficultés financières temporaires. Cette situation ne doit toutefois pas se prolonger, au risque de devenir malsaine. Dans tous les cas, les groupes doivent s'efforcer de contribuer le plus vite possible au financement des services OA auxquels ils ont eux-mêmes recours. Le même principe régit la conduite de chacun des membres. Même ceux qui ont des difficultés financières personnelles se rendent compte que de donner quelque chose à la collecte leur fait du bien.

Ce désir d'autonomie nous révèle nos progrès, sur le plan émotif notamment.

Si elle parle de contributions en argent, la Septième Tradition concerne également d'autres aspects de la vie du Mouvement. Subvenir à ses besoins signifie aussi pour les groupes et les membres la responsabilité de faire leur juste part en matière de service OA. Ce que nous donnons à l'Intergroupe sert par exemple à payer la compagnie du téléphone, mais une fois le téléphone payé, il faut qu'un membre réponde aux appels. Notre argent sert à faire imprimer et expédier nos divers bulletins, mais encore là, il faut d'abord quelqu'un pour composer les textes, les saisir, les mettre en forme et mettre le courrier à la poste. Autre exemple : chaque groupe doit se faire représenter à l'Intergroupe. La personne choisie à cette fin est mandatée notamment pour voter sur les propositions de l'assemblée et pour rapporter les nouvelles à son groupe d'appartenance. À l'occasion des congrès ou des autres manifestations, le Mouvement doit aussi pouvoir compter sur des membres pour assumer les diverses tâches relatives à l'organisation et à la tenue de l'événement. Quant à l'Intergroupe, il ne peut fonctionner sans président ou présidente, sans secrétaire, sans trésorier ou trésorière, sans représentants de groupes ni sans délégués auprès des SM. Un groupe ne peut pas se considérer autonome s'il ne fait pas ce qu'il revient de faire pour aider le Mouvement à porter le message à tous les niveaux : local, régional, national ou international. La même logique s'applique à chacun de nous : être autonome implique que, tout en tenant compte du temps et des ressources à notre disposition, nous faisons tout en notre pouvoir pour remettre aux OA un peu de ce qu'ils nous ont donné.

De la même façon qu'il existe une limite annuelle à ce qu'une personne peut donner officiellement au Mouvement, de même il faut savoir être raisonnable en matière de dons sous forme de prestations de service. De toutes façons, là où ce sont toujours la ou les mêmes personnes qui prennent les choses en mains, la rancœur finit par s'installer. Parfois, ceux qui n'ont pas l'occasion de se rendre utiles se sentent exclus et, finalement, il se forme deux classes de membres dans le groupe; les **familiers** et les **étrangers**. Les premiers se sentent dépassés par une charge de travail pour laquelle on ne leur est pas reconnaissant tandis que les négligés reprochent aux autres de vouloir tout diriger.

Nous allons donner un exemple vécu d'une situation semblable. Après avoir ouvert un groupe, une membre avait continué à s'occuper de tout pendant plus de deux ans. Par exemple, c'est elle qui ouvrait et fermait les portes du local, elle qui animait les réunions, elle qui veillait aux finances du groupe et, elle encore, qui représentait le groupe à l'Intergroupe. Elle ne comprenait absolument pas pourquoi son groupe ne prenait pas d'expansion. Plus encore, le groupe se mit à diminuer jusqu'à se désintégrer. Puis, un soir de canicule, notre membre se retrouva absolument seule à la réunion. Même chose la semaine suivante et la semaine d'après. Notre fondatrice commença de se demander si elle ne devait pas s'inspirer de sa connaissance des Traditions pour changer quelque chose à sa façon de servir les OA. S'adressant à une salle vide, elle dit : « J'ai l'impression que ma PS cherche à me faire comprendre quelque chose. C'est peut-être que je devrais prendre moins de place ici et laisser Dieu s'occuper davantage du groupe. »

La semaine suivante, une des habituées arriva à la réunion plus tôt que de coutume et demanda si elle pouvait avoir la clé de la salle. « Si j'ai la clé, dit-elle, je vais être certaine de venir à la réunion. En plus, j'ai besoin de faire quelque chose pour servir le groupe. »

Notre fondatrice vit dans cette demande un clin d'œil de la part de sa Puissance Supérieure et elle comprit... D'autres ont commencé à animer les réunions, à occuper le secrétariat, la trésorerie et la représentation auprès de l'Intergroupe. À partir de ce moment, il n'y eut plus jamais qu'une seule personne aux réunions; quant à la fondatrice, elle arrêta de se poser des questions sur la source des anciens ennuis du groupe.

Il n'est pas inutile d'expliquer encore le principe de l'autonomie totale tel que le comprennent les OA. Cette question est importante pour les groupes comme pour les outremangeurs eux-mêmes. Chez les OA, nous nous en remettons à Dieu plutôt qu'aux autres pour ce qui est de notre sécurité sous toutes ses formes. Guidé par sa Puissance Supérieure, chacun de nous découvre les gestes à poser pour répondre à ses propres besoins comme à ceux de son groupe, que ces besoins soient matériels ou émotifs. La source de notre sécurité et de notre bonheur est désormais en Dieu plutôt que chez les êtres de notre entourage. Nous commençons à agir conformément à cette conviction.

Paradoxalement, en devenant parfaitement autonome, nous devenons aussi tout à fait libres de demander de l'aide, que ce soit pour nos activités de service ou pour toute autre raison. La Septième Tradition nous aide à définir notre autonomie à nous. Par exemple, rien ne nous empêche de faire part aux autres de notre vulnérabilité, mais nous ne nous attendons plus que nos confidents prennent nos responsabilités à notre place. Au fur et à mesure que, avec l'aide de notre Puissance Supérieure, nous devenons autonomes, nous sommes à même de renoncer à nos mauvaises dépendances et de nous assurer des relations saines et profitables avec ceux qui partagent notre vie.

Pour voir si nous comprenons bien cette Septième Tradition, chacun et chacune de nous devrait peut-être se poser certaines questions :

Est-ce que je me contente de glisser de l'argent dans le « chapeau » ou est-ce que je fais vraiment tout en mon pouvoir pour aider mon groupe à subvenir à ses besoins ?

À la collecte, est-ce que j'essaie de m'imaginer combien je dépenserais d'argent si j'étais en train de manger plutôt que de me trouver à une réunion ? Est-ce que je me rappelle l'argent que j'ai dépensé, pour rien, en régimes ?

Dans notre groupe, ceux dont la situation financière s'est améliorée acceptent-ils de donner un peu plus que les autres pour compenser pour les nouveaux qui n'ont pas beaucoup d'argent ?

Est-ce que je m'efforce d'aider le groupe même lorsque je vis une certaine insécurité financière ?

Les membres de notre groupe mesurent-ils l'importance de la fonction de trésorier ou de trésorière ? Font-ils ce qu'il faut pour que le poste soit occupé par quelqu'un de sérieux et de responsable ? Écoutons-nous bien la lecture du rapport de trésorerie ?

Est-ce bien dans nos fonds propres que nous prenons l'argent nécessaire à payer nos dépenses courantes ? Comptons-nous plutôt sur la générosité d'organisations externes pour nous fournir en partie ou totalement des services comme le loyer et la photocopie ?

Au moment de décider de la répartition des fonds du groupe, pensons-nous à l'argent dont les Intergroupes, les regroupements régionaux et les Services mondiaux ont besoin pour transmettre le message OA ? Pensons-nous à les aider ?

Interrogeons-nous aussi sur le service, indissociable de notre démarche vers l'autonomie.

Envoyons-nous notre représentant ou notre représentante de groupe à toutes les réunions de l'Intergroupe ?

Pouvons-nous compter sur les habitués du groupe pour remplir à tour de rôle les diverses tâches ?

Respectons-nous le principe de la rotation des titulaires de poste plutôt que de laisser les mêmes personnes en place pendant des années ?

Certains membres ont-ils trop de responsabilités pour pouvoir s'en occuper correctement alors que d'autres ne font rien? Encourageons-nous ces derniers à s'engager davantage?

La Septième Tradition nous amène donc à refuser les contributions de l'extérieur et à prendre nos propres responsabilités comme groupe et comme membres. C'est là un principe fondamental; en s'y tenant, le Mouvement a évité les difficultés que lui aurait sûrement causées toute dépendance envers le monde extérieur De plus, si nous nous conformons à la Septième Tradition, c'est-à-dire si nous subvenons nous-mêmes à nos besoins, le public nous gardera son respect et nous, nous garderons notre estime de nous-mêmes.

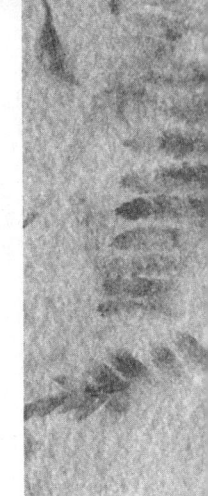

Outremangeurs Anonymes devrait
toujours demeurer un mouvement
non professionnel, mais nos centres
de services peuvent engager
des travailleurs spécialisés.

La méthode OA repose sur le partage de nos expériences, la mise en commun de nos forces et la transmission de notre message d'espoir. Et tout cela nous est donné par les autres membres, librement, sans obligation. C'est justement ce principe du partage gratuit et de l'échange personnel qui fait l'originalité de notre méthode par rapport à toutes les autres thérapies pour outremangeurs compulsifs. Chez nous, les membres donnent beaucoup de leur temps pour leurs camarades, soit en parrainant quelqu'un, soit en témoignant de leur rétablissement ou encore en participant aux tâches qui reviennent aux groupes de service comme les comités ou l'Intergroupe. Personne n'est payé. Notre salaire, c'est notre propre mieux-être, et cela, ça ne s'achète pas.

Grâce à cette tradition de services non professionnels, les OA restent à l'abri de la tentation de chercher à faire des profits; ils gardent plutôt leur énergie pour diffuser la méthode de rétablissement – les Douze Étapes – à tous ceux qui en ont besoin. Bien des nouveaux sont étonnés par le climat d'amour qui règne aux réunions et par l'honnêteté et la profondeur des témoignages qu'ils y entendent. Ils constatent avec surprise que personne n'est là pour un salaire, qu'il n'y a aux réunions que des outremangeurs désireux de se sortir d'un problème et qui viennent chercher des forces pour eux-mêmes. Nous nous faisons mutuellement confiance, sûrs que chacun parle avec son cœur; c'est pourquoi chacun raconte sans crainte l'histoire de son rétablissement. Dans le même esprit de partage et de confidence, nous écoutons attentivement l'histoire de nos frères et sœurs OA.

Comme il n'y a pas chez nous de catégorie professionnelle, personne n'a besoin d'un diplôme, d'un certificat de compétence ou d'une formation spécialisée. En matière de service, nous sommes tous égaux, et compétents, qu'il s'agisse d'assumer une tâche au sein de notre groupe ou d'approfondir le mode de vie avec d'autres outremangeurs compulsifs. Il faut savoir que la participation de chacun est capitale pour le Mouvement, et il y a effectivement quelque chose à faire pour chacun. Heureusement d'ailleurs, puisque notre Douzième Étape prévoit aussi que chaque membre transmettra notre message.

Si nous embauchons un professionnel, membre ou non, c'est parce que nous avons besoin de son savoir-faire ou de ses conseils d'expert pour l'exécution d'un travail exigeant l'intervention d'un spécialiste. D'ailleurs, la Huitième Tradition le dit : nos *centres de service peuvent engager des employés spécialisés*. Nous nous sommes rendu compte aussi que nous devons parfois avoir du personnel payé pour faire fonctionner les bureaux des Intergroupes ou ceux des Services mondiaux.

Nous citerons un cas. Il s'agit de celui d'un Intergroupe qui venait juste d'ouvrir un bureau. La direction en fut confiée à un bénévole ignorant tout de ce genre de travail. Or la tâche était énorme : la correspondance et le suivi, la caisse et les comptes, les appels téléphoniques, les commandes à passer, les commandes à exécuter, sans compter tous les dossiers à tenir ! L'administrateur bénévole se dévouait à la tâche, mais après plusieurs mois au travail, la maladie l'obligea à démissionner. Il fallait trouver un autre bénévole pour le remplacer. Après deux mois, il n'y avait toujours personne. Les bénévoles contactés auraient bien aimé rendre service à l'Intergroupe, mais personne n'avait le temps d'assumer des responsabilités aussi lourdes. On en vint à répartir le travail entre cinq personnes, qui assuraient la permanence à tour de rôle. Cette solution valait mieux que rien mais ne réglait pas vraiment les choses. On oubliait toujours quelque détail sans compter que leurs obligations extérieures forçaient souvent les membres de l'équipe à quitter la permanence. Et personne, même pas le propriétaire, ne savait qui était le véritable responsable ni qui contacter en cas de besoin. Finalement, l'Intergroupe dut admettre que la gestion du bureau était une tâche trop spécialisée pour être confiée à des bénévoles et une activité trop importante pour qu'on la laisse au hasard.

Même si les ressources financières semblaient insuffisantes, il fut décidé d'embaucher quelqu'un. Il ne fallait pas nécessairement que les candidats soient membres OA, mais les gens de l'Intergroupe convinrent que ce serait préférable de recruter d'abord parmi les membres. Si la personne connaissait le Mouvement, on n'aurait pas à tout lui enseigner; elle serait déjà en mesure de répondre aux questions sur notre association.

On trouva quelqu'un de qualifié, qui demandait un salaire raisonnable et vivait conformément au mode de vie OA. On venait d'écrire une page d'histoire : l'Intergroupe avait son premier salarié!

Côté gestion, les choses s'améliorèrent. Désormais bien administrés, les groupes enregistrèrent une nouvelle croissance. Heureux de la nouvelle efficacité de l'Intergroupe, tout le monde considérait que les résultats valaient bien le prix payé.

Quels que soient le temps et l'énergie mis à diffuser le message OA auprès des outremangeurs compulsifs, jamais nous ne touchons d'argent pour cette forme de service. Bien évidemment, le Mouvement n'exploite personne! Par exemple, si des membres OA organisent une réunion de quelques jours, on leur rembourse évidemment leurs frais de déplacement et de logement. D'autre part, ces personnes ne toucheront rien pour leur initiative. Si ces membres sont animateurs professionnels, il ne seront toutefois pas payés comme tels, puisque là ils se sont librement engagés.

Nous comptons parmi les nôtres des thérapeutes au service d'hôpitaux ou d'autres établissements spécialisés. Ils reconnaissent mettre à profit dans leur travail les connaissances exceptionnelles qu'ils ont acquises chez les OA. Est-ce qu'ils n'enfreignent pas la Huitième Tradition ? Ne devraient-ils pas aider gratuitement ceux qui souffrent comme eux ? Non, et il faut faire la différence : ils sont payés à titre de travailleurs professionnels, non pas à titre de membres OA. Évidemment, rien ne les empêche de parler à leurs clients de leur propre expérience chez les OA, mais ils traitent alors la question dans le cadre de leurs fonctions spécialisées. Ils font tout simplement leur travail, qui est de mettre leurs connaissances en psychologie au service de ceux qui les consultent. Cependant, dans leurs groupes OA respectifs, ce sont des membres ordinaires qui, exactement comme les autres, cherchent une solution à leur compulsion alimentaire à eux. S'il arrive que ces personnes prennent la parole devant un groupe, par exemple pour transmettre le message ou dans l'exercice d'une fonction, elles doivent limiter leurs propos à leur cheminement chez les OA. En mêlant leurs témoignages d'outremangeurs de considérations professionnelles, ces membres risqueraient en effet de donner l'impression que le Mouvement appuie officiellement leurs activités extérieures.

Si l'on peut très souvent qualifier de thérapeutique l'action des groupes OA, il ne faut pas confondre la méthode OA avec ce qu'on appelle généralement une thérapie de groupe. Quelle est la différence ? C'est, entre autre, et comme nous le précise notre Huitième Tradition, qu'il n'y a pas dans nos réunions de conseillers professionnels expressément chargés d'aider les autres. Même si nous pouvons en toute liberté confier nos difficultés à d'autres OA, la vocation du Mouvement n'est pas psychothérapeutique. C'est ce qui explique pourquoi des membres sentent quand même le besoin de recourir à une thérapie de groupe animée par un professionnel. Ils règlent là des difficultés particulières sans cesser d'aller à leurs réunions OA, là où l'accent est mis sur les Douze Étapes.

L'intervention bénéfique des OA auprès des outre-mangeurs compulsifs du monde entier est surtout le fait des membres qui remettent ce qui leur a été généreusement donné. Au sein du Mouvement, il n'y a pas de relations de type professionnel. Tout se passe sous le signe de la liberté, et, grâce à cette totale absence d'obligations, chacun parle de lui et cherche de l'aide en toute confiance. La confiance, la présence apaisante des autres, voilà bien ce qui fait notre force et confère au Mouvement son effet et son pouvoir guérisseurs.

Chez les OA, chacun de nous prend l'habitude d'aider l'autre avec tendresse et sans rien attendre en retour; nous évitons de nous donner des conseils et, surtout, nous n'essayons pas de changer qui que ce soit.

C'est pour nous-mêmes que nous pratiquons le mode de vie, et jamais un membre n'espère voir quelqu'un d'autre faire le travail à sa place. Le fait d'appartenir aux OA ne nous donne ni qualification ni statut professionnels. C'est précisément pourquoi nous pouvons échanger des confidences sans qu'il n'en coûte rien à personne. Personne ne compte sur ses amis OA pour régler ses problèmes à sa place et personne n'attend la reconnaissance de ceux qu'il a pu aider.

Notre récompense, c'est d'être utiles. Dès que nous adoptons cette attitude, nous voyons combien nous faisons naître chez les autres l'amour authentique et la confiance.

Demandons-nous maintenant si nous appliquons bien dans notre environnement OA le principe du non-professionnalisme mis en avant par la Huitième Tradition.

M'arrive-t-il d'essayer de régler les problèmes des autres en leur prodiguant mes conseils « éclairés » ? Qu'est-ce que je fais de la recommandation de me contenter de communiquer mon espoir en la vie, mon énergie et mon expérience ?

Au cours des réunions, est-ce que je fais valoir mes connaissances dans des domaines comme le mode de vie, la diététique, la sociologie, les signes d'amélioration de la compulsion, la compulsion comme maladie ? M'arrive-t-il de poser en expert du Gros Livre *ou des principes OA, de vouloir faire étalage de mes connaissances en psychologie et en spiritualité ou, même, d'afficher ma compétence en matière d'humilité ?*

Quand j'ai du mal à mettre le mode de vie en pratique, est-ce que je m'empêche de demander de l'aide même à mon parrain ou à ma marraine de peur que les autres s'aperçoivent que je n'ai pas toutes les réponses ?

Est-ce que je me laisse impressionner par l'expérience ou par le charisme de certains membres au point de les placer sur un piédestal et d'en faire des espèces de gourous ?

M'arrive-t-il d'oublier que même les membres qui ont l'air d'avoir beaucoup de connaissances et d'expérience viennent au Mouvement pour leur rétablissement à eux ? N'ai-je pas tendance à traiter ces membres différemment des autres ?

Est-ce que je crois que les autres sont responsables de mon abstinence alimentaire en particulier et de mon cheminement en général ?

Est-ce que je fais bien la différence entre le travail rémunéré des salariés OA et l'action bénévole des membres ? Est-ce que je fais la différence entre travailler pour les OA et communiquer à d'autres mon expérience, ma force et mon espoir ?

Est-ce que je confonds le fait de diffuser le message avec le travail des thérapeutes spécialisés ?

Si nous mettons la Huitième Tradition en pratique, nous allons découvrir un esprit d'assistance mutuelle et de service. C'est là un des facteurs les plus importants dans l'efficacité de la thérapie OA.

Vivre en conformité avec la Huitième Tradition, c'est nous aider les uns les autres à sortir de la compulsion alimentaire, à titre amical et gratuit. Nous ne sommes pas des professionnels de la maladie; nous cherchons à aider nos frères et sœurs OA sans rien espérer en retour. Aussi, est-ce naturellement que nous nous tournons vers l'autre pour lui dire du fond du cœur : « Si tu as besoin de moi, je suis là… parce que je t'aime ».

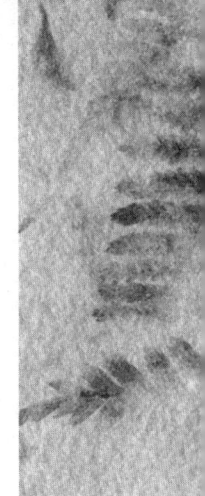

Comme mouvement, Outremangeurs Anonymes ne devrait jamais avoir de structure formelle; mais il peut constituer des conseils de services ou des comités directement responsables envers ceux qu'ils servent.

Les réunions OA sont assez informelles, et l'on y a souvent entendu des observations ironiques comme : Ah ! oui, aucun doute, ils la respectent la Neuvième Tradition ! Pas de danger qu'ils soient un jour organisés, ça non !

Si nous avons parfois l'air de tenir nos réunions de façon assez désordonnée, le désordre n'est pas le but visé par la Neuvième Tradition. Par contre, cette Tradition nous incite à éviter autant que possible la bureaucratie qu'on voit souvent s'édifier dans les grandes organisations et qui, devenue une fin en elle-même, finit par masquer l'orientation première de l'organisme qu'elle est censée servir. Cette Tradition nous empêche d'oublier que tout chez les OA est orienté vers notre objectif premier : transmettre notre message, ce message d'espoir reposant sur des principes spirituels.

Bien sûr, nous devons nous occuper de nos affaires sérieusement. D'autre part, nous devons nous efforcer au cours de chaque réunion de réduire au minimum le temps consacré à la gestion : décisions, organisation de fêtes ou d'autres manifestations, lecture de rapports de toutes sortes. Nous essayons de nous concentrer sur les Étapes et sur les Traditions et de travailler en fonction de notre but : communiquer à d'autres notre force et notre espoir en la vie, mettre notre expérience à leur disposition.

Pour assurer les tâches d'organisation et libérer les groupes, le Mouvement a institué des entités spécialisées comme les Intergroupes : ce sont eux qui s'occupent de l'information auprès du public, de la bonne marche des unités administratives, des publications internes et de la préparation des manifestations thématiques. Ces entités spécialisées se sont donné des structures : elles ont des responsables élus de même qu'un règlement interne. Lorsqu'un Intergroupe se réunit, les groupes qui en font partie délèguent leurs représentants respectifs à la rencontre. Ces représentants participent au travail de l'Intergroupe, et leur rôle consiste également à signaler à ce dernier les difficultés de leurs groupes et à rapporter à leurs membres les activités de l'Intergroupe.

Si la Neuvième Tradition prévoit des unités de service organisées, elle insiste aussi pour que nous mettions l'accent davantage sur les liens qui nous unissent que sur nos structures. Il n'existe chez les OA ni règlements ni sanctions. Évidemment, les Services mondiaux ou les Intergroupes ont le pouvoir de rayer de leur liste les groupes qui enfreignent constamment les Traditions, mais jamais un groupe ne sera mis à l'amende ni contraint de mettre fin à ses activités. Les groupes individuels ne sont régis par aucun acte constitutif voté par les Services mondiaux ou par un autre organisme directeur. Au contraire, les SM tiennent précisément leur autorité des milliers de groupe OA du monde entier.

On ne peut pas non plus chasser un membre. Les gens viennent au Mouvement et le quittent à leur gré après y avoir apporté ce qu'ils peuvent. Rien ne nous permet d'imposer quoi que ce soit à qui que ce soit. D'ailleurs, nous savons d'expérience qu'aucune structure ne nous met à l'abri du désordre autant que la pratique des principes spirituels contenus dans les Étapes et les Traditions. Notre survie comme individus et comme groupes dépend bien davantage de l'observance de ces principes que de n'importe quelle autorité constituée.

Cette non-structuration appuyée par une Tradition ne manque pas de déconcerter les nouveaux qui voudraient bien voir se dérouler les réunions suivant un protocole rigide et facile à comprendre. C'est que certains ne se sentent pas en sécurité dans un environnement sans règles fixes, régi seulement par des suggestions et des Traditions que, de surcroît, personne n'a le pouvoir d'imposer. Après quelque temps cependant, on commence à comprendre que le groupe n'a pas vraiment besoin de chefs. Protocolairement parlant, nos réunions sont loin d'être rigoureusement menées, mais c'est quand même au sein de ces groupes imparfaits que nous trouvons le bien-être. Bien sûr, les groupes commettent bien des erreurs, mais, la plupart du temps, ils s'en sortent. En fait, ces erreurs nous permettent d'apprendre et de progresser.

Après un certain temps, nous voyons que la Neuvième Tradition fonctionne et nous sentons dans le

Mouvement la présence concrète d'une Puissance supérieure; cette Puissance nous guide par l'intermédiaire de la conscience de notre groupe. Rassurés, nous mettons notre confiance en Dieu, heureux de pouvoir compter sur cette Tradition et sur la sagesse de ses principes.

Si personne n'a de pouvoir, est-ce à dire que nous ne pouvons donc pas protester en cas d'infraction à une Tradition ? Au contraire, il faut agir. En pareille circonstance, nous avons la responsabilité d'intervenir – directement mais délicatement – même si ce rappel à l'ordre doit nous rendre impopulaire.

Une des causes les plus fréquentes des infractions aux Traditions est l'ignorance : ou l'on ne comprend pas la Tradition en cause ou l'on comprend mal les principes spirituels qui la fondent. Alors, signaler à l'attention des membres des gestes ou des attitudes contraires aux Traditions, c'est simplement aider les autres à saisir le bien-fondé de ces mêmes principes spirituels. Ce geste illustre bien ce que veut dire **partager notre expérience** du mode de vie avec nos amis OA.

Quiconque dénonce un écart à une Tradition doit être prêt à subir les conséquences de son intervention. Celle-ci pourrait bien provoquer une vive discussion, tout comme il se pourrait bien que personne ne prête attention à cette observation. Rappelons-nous que personne d'entre nous n'a d'autorité et que, même si nous comprenons bien les Traditions, nous ne pouvons forcer personne à nous suivre sur cette voie. Nous devons nous contenter de faire notre possible pour défendre la Tradition en cause, puis confier les résultats de notre action à notre Puissance supérieure.

À ce sujet, nous trouvons dans une de nos publications une anecdote révélatrice. Dans un groupe donné, l'animatrice annonce son intention de lire un extrait d'un petit livre clairement identifié à une religion, mais comme cette lecture n'est pas tirée d'une publication OA officielle, l'animatrice demande d'abord l'autorisation de faire cette lecture. Quelqu'un manifeste sa désapprobation et dit, calmement : « Tu sais bien que je vais m'opposer à ça. Pour moi, quand nous sommes réunis, notre objectif premier est de diffuser le message OA, pas un autre. Évidemment, à l'extérieur du Mouvement, nous pouvons faire autrement, mais pas ici. »

Il y eut des réactions négatives; des membres ont encouragé l'animatrice à faire comme bon lui semblait. Après tout, n'était-ce pas elle la responsable du déroulement de la réunion ? À cela s'est ajoutée l'intervention d'un nouveau qui se demandait pourquoi nous ne pouvions pas utiliser tout ce qui pouvait contribuer à notre mieux-être. « Parmi ceux qui désapprouvaient mon point de vue, dit la membre en question, certains ont même parlé d'un manque d'ouverture d'esprit... »

Dans la confusion, l'étape de la lecture a été sautée. Quant au reste de la réunion, on ne peut pas dire qu'il se soit passé dans la sérénité. « Il n'a pas manqué de membres pour me reprocher d'avoir refroidi l'ardeur de ceux qui se proposaient de servir comme animateurs. À cause de moi, disait-on, la fonction leur semblait désormais trop exigeante. J'ai trouvé l'expérience difficile et, me retrouvant seule, isolée, je me suis posé bien des questions. Avais-je agi en membre responsable en me portant à la défense des Traditions ? Si nous introduisions dans nos pratiques des idées venant de partout, n'allions nous pas transformer les réunions des Outremangeurs Anonymes en réunions N'importe Quoi Anonymes? »

La plupart des personnes à qui nous en avons parlé seraient toujours prêtes à se faire critiquer ou à déranger une réunion pour se porter à la défense des Traditions. À leur avis, ces conséquences, temporaires, sont bien moins graves que ne le serait le silence. Si personne ne parlait lorsque les Traditions sont négligées, nous risquerions que les réunions ne soient plus orientées vers la pratique des Douze Étapes et des principes sous-jacents. Conséquemment, nos rencontres perdraient toute leur efficacité et nous ne pourrions plus venir y chercher la solution à notre problème. C'est à nous qu'il revient de rappeler au besoin l'importance des Traditions, puisque, en vertu de la Neuvième, aucune autorité particulière ne peut nous forcer à les respecter.

Il ne faut pas tomber dans l'autre extrême et s'imaginer que la Neuvième Tradition interdit aux groupes de se donner des lignes de conduite, notamment de choisir une formule précise pour ses réunions. Ainsi, quand surgit une difficulté concernant, par exemple, le protocole des réunions, le droit de réplique dans les discussions ou la politique face à la cigarette, les groupes convoquent souvent leurs membres pour en discuter. Ces réunions de membres responsables se tiennent parfois en dehors de l'horaire habituel pour que les questions matérielles n'empiètent pas sur le temps prévu pour les échanges et les discussions. Ailleurs, on préférera intégrer ces questions aux réunions courantes pour que tous sans exception puissent faire valoir leur point de vue. Ceux qui ont une saine attitude de respect face à la conscience de leur groupe se conforment aux décisions prises par l'ensemble des membres. D'ailleurs, soulignons qu'en cette matière, nous avons la même responsabilité qu'en ce qui concerne les Traditions; si quelqu'un passe outre, il faut le signaler. Chacun a le droit, mais aussi le devoir, de le faire.

Notre tâche s'arrête là. Dans l'esprit de la Neuvième Tradition, une fois que nous avons dit ce que nous avions à dire, nous n'y pensons plus, et nous laissons le reste de la réunion entre les mains de notre Puissance Supérieure. Nous savons que nous ne pouvons pas imposer notre façon de voir même quand nous sommes sûrs d'avoir raison.

Le temps est venu de nous interroger sur notre façon de vivre la Neuvième Tradition :

Le groupe collabore-t-il avec ses responsables et aide-t-il les comités de service ? Critiquons-nous ceux qui servent le groupe ? Mettons-nous en doute leur désintéressement ?

*Sommes-nous assez adultes pour nous sentir responsables, simultanément et indépendamment de la bonne marche des OA et de notre rétablissement personnel? Même pour ce qui nous concerne, avons-nous tendance à dire : « **Ils** n'ont qu'à s'en occuper! »?*

Est-ce que nous nous intéressons aux différents services OA? Que faisons-nous pour les aider à diffuser notre message?

Si nous acceptons une fonction, faisons-nous toujours le travail avec patience et humilité?

Nous rendons-nous compte qu'accepter une tâche, c'est se rendre réellement responsable envers les autres?

Dans notre groupe, étudions-nous scrupuleusement les Traditions et les façons de les pratiquer comme groupe et comme individus?

Avons-nous le courage d'intervenir quand dans notre groupe nous sommes témoins d'un écart aux Traditions?

Lorsque nous nous engageons dans les services, le faisons-nous en nous disant que nous ferons tout ce que nous pourrons tout en confiant les résultats à notre Puissance supérieure ? Savons-nous aussi lâcher prise quand les choses ne vont pas à notre goût ?

Appliquons-nous le principe de la rotation des serviteurs du groupe ? Nous arrêtons-nous pour parler de ce principe ? Avons-nous pris conscience du lien entre la rotation des responsables, l'humilité et l'anonymat ?

Chez les OA, les groupes ne vont jamais aussi bien que s'ils limitent leur organisation au minimum. Autrefois, nous croyions avoir besoin de règlements et de structures pour que tout marche bien, mais aujourd'hui nous savons que rien n'est plus efficace que la liberté. Désormais, nous comptons davantage sur notre Puissance supérieure que sur un quelconque organigramme et nous sommes d'autant plus en mesure de nous occuper de nous-mêmes, des autres et du Mouvement qui nous rassemble sur le chemin du rétablissement.

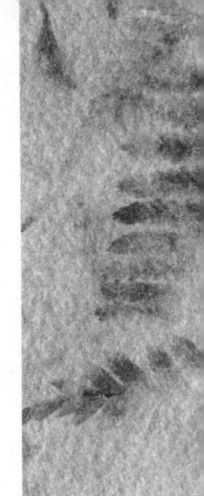

Le mouvement des Outremangeurs Anonymes n'exprime aucune opinion sur des sujets étrangers; le nom des OA ne devrait donc jamais être mêlé a des controverses publiques.

Habitués à vivre dans un monde de controverses, nous avons été bien étonnés en prenant connaissance de la Dixième Tradition OA. Nous ne comprenions pas pourquoi une association reconnue et à ce point dévouée à la cause du rétablissement des outremangeurs compulsifs ne voulait pas donner son précieux appui à d'autres bonnes causes. Nous trouvions curieux que les OA regardent sans mot dire notre société malade et les malheurs qui ne cessent de l'accabler.

L'attitude du Mouvement s'explique. Comme nos membres viennent de tous les milieux et de tous les horizons, il est évident que nous pouvons retrouver dans notre association toutes les opinions possibles sur tous les sujets imaginables. S'il fallait que les OA comme groupe prennent position sur une question quelconque, ce serait forcément au déplaisir de certains de nos membres actuels et éventuels. Cela reviendrait à écarter du Mouvement des gens qui ont besoin des OA et, conséquemment, à renier notre but premier : transmettre notre message à l'outremangeur compulsif qui souffre.

Faut-il comprendre par là qu'au nom de l'unité des OA, les membres doivent renoncer à leur liberté d'opinion et à toute cause qu'ils défendent en dehors du Mouvement ? Bien sûr que non. À titre individuel, nous sommes libres de travailler à la promotion de toutes les causes qui nous intéressent. La Dixième Tradition nous demande de laisser nos activités externes à la porte de notre salle OA, car, chez nous, il n'y a pas de place pour les autres causes, si nobles soient-elles.

Aucun d'entre nous ne peut se passer du mode de vie : la survie même de chacun en dépend. D'ailleurs, sans notre programme, nous serions nombreux à retourner manger compulsivement à temps plein, ce qui nous laisserait bien peu de temps et d'énergie pour nous occuper d'autre chose, y compris des causes qui nous tiennent tant à cœur. Nous nous efforçons donc d'empêcher toute association du Mouvement avec quoi que ce soit d'externe.

Quoi qu'on en pense, enfreindre la Dixième Tradition peut avoir des conséquences graves, comme le démontre l'exemple suivant. La collaboratrice d'un certain nombre de journaux publiés partout dans le monde a un jour écrit que le Mouvement exigeait de ses membres de croire en Jésus-Christ. Si nous, nous savons bien que les OA n'ont pas d'opinion sur les religions, chrétiennes ou autres, le grand public, lui, n'en sait rien. Les Services mondiaux se sont empressés de rétablir les faits, mais la journaliste a continué de diffuser ce faux renseignement. D'après ses patrons, en dépit des démentis des représentants OA, le journal recevait depuis des années des lettres de membres qui disaient avoir été en quelque sorte invités à « mettre leur foi » en Jésus-Christ. Évidemment, à cause de cette information, qui n'a rien à voir avec le Mouvement, des outremangeurs compulsifs se sont gardés de venir chercher de l'aide dans nos groupes parce qu'ils n'appartenaient à aucune religion, chrétienne ou autre.

Si nous n'avons pas d'opinion sur des sujets étrangers au Mouvement, nous ne nous opposons pas non plus à aucune cause. Les sarcasmes grossiers ou la critique contre les groupes d'amincissement, les associations politiques, religieuses ou autres n'ont pas leur place dans nos réunions. Pour bien transmettre notre message de rétablissement, nous n'avons pas besoin de déprécier les autres. En fait, les moqueries malveillantes ont généralement pour effet de troubler l'atmosphère des réunions. Comme beaucoup d'outremangeurs ont fait de la médisance et du pessimisme une mauvaise habitude, il importe de nous rappeler l'importance capitale d'un climat positif pour notre rétablissement. Ne vaut-il pas mieux alors laisser à la porte du Mouvement ce qui ne le concerne pas ?

Il faudrait d'abord savoir ce que nous entendons par « sujets étrangers ». La question a surgi plus d'une fois dans le Mouvement. Par exemple, on s'est souvent demandé si nous pouvions dans nos témoignages relater notre expérience avec d'autres fraternités comme AA, Al-Anon ou O-Anon. Rappelons-nous que « OA n'exprime pas d'opinion » sur l'action des groupes qui s'occupent d'alcoolisme, de toxicomanie, de dépendance affective, de codépendance ou de comportements compulsifs autres qu'alimentaires. Dans cet esprit, nous considérons qu'il vaut mieux ne pas en parler, mais nous concentrer sur ce qui concerne les OA. Seuls les OA offrent aux outremangeurs compulsifs la solution des Douze Étapes qui répond à leurs besoins spécifiques. C'est un rôle primordial. Pour ne pas le compromettre, tenons-nous-en aux questions reliées à la compulsion alimentaire.

Pouvons-nous parler des autres méthodes d'amaigrissement ou des thérapies pour les autres dysfonctionnements reliés à la nourriture ? Non, ces sujets non plus ne concernent pas OA. Évidemment, chacun est libre de relater ses expériences de thérapies extérieures ou de régimes, mais comme association, nous ne sommes ni pour ni contre. Dans nos réunions, tout comme dans nos publications, nous mettons en évidence notre propre méthode de rétablissement. Nous disons honnêtement ce que le mode de vie OA nous a apporté en cherchant toujours à donner de l'espoir aux outremangeurs compulsifs qui souffrent.

Comme nous sommes tous les jours confrontés à la nourriture, on s'attendrait à ce que le Mouvement donne à chacun et à chacune des indications précises sur la façon de manger. Il n'en est rien. Ce que nous avons à offrir, c'est un programme, et un seul pour tous, les Douze Étapes, qui nous gardent de la compulsion alimentaire, un jour à la fois.

Dans les premières années de son existence, notre fraternité nous proposait des cadres alimentaires connus aux États-Unis sous les noms de *Grey Sheet* ou de

Orange Sheet – selon la couleur du papier sur lesquels ils étaient imprimés – ou encore de *3–0 –1* (3 repas équilibrés par jour – rien (0) entre les repas – 1 journée à la fois). Pour certains, ces cadres représentaient le salut. Mais des membres ont commencé à dire que celui-ci ou celui-là ne correspondait pas à une saine alimentation. On a fini par recourir à un groupe d'experts qui devaient se prononcer sur la question. Les nutritionnistes consultés ne sont pas arrivés à se mettre d'accord et chacun avait des arguments contre le cadre alimentaire prôné par l'autre. Les OA ont alors décidé de ne plus parler de plan alimentaire et d'arrêter toute publication sur le sujet.

En décidant de se dissocier des questions de régime alimentaire, le Mouvement affirmait que la saine alimentation n'avait rien à voir ni avec les OA ni avec les Douze Étapes. Nous sommes toujours restés fidèles à cette ligne de conduite. Aujourd'hui, il appartient à chacun de décider pour lui-même s'il doit ou non suivre un plan alimentaire. Quant au Mouvement, il n'a toujours pas d'opinion sur les régimes, les philosophies alimentaires, les allergies alimentaires, les aliments essentiels ou sur quoi que ce soit qui s'y rapporte.

Parce qu'ils appliquent la Dixième Tradition, la majorité des groupes OA ne vendent pas de publications non approuvées par le Mouvement, pas plus qu'ils ne se servent de ces publications extérieures au cours de leurs séances d'étude du mode de vie. Nombre de bons livres et brochures ne portant pas le sceau OA ont aidé des membres à se rétablir. En n'autorisant pas leur vente ou leur utilisation dans nos salles de réunions, notre but n'est certainement pas d'empêcher les membres de les lire. Cette politique reflète simplement le fait que nous ne nous prononcions pas sur la valeur des publications externes.

C'est dans nos publications à nous qu'est contenue l'expérience du Mouvement. Par exemple, tous nos livres, brochures ou dépliants sont produits par la conscience de groupe du Mouvement et, pour être approuvés, ils doivent avoir été rédigés, revus et révisés par un comité de membres OA recrutés dans le monde entier. Une publication portant le sceau des Services mondiaux est de ce fait reconnue d'intérêt général. Nous ne sommes évidemment pas obligés d'être d'accord avec tout son contenu. Par ailleurs, consulter une publication OA, c'est être certain de n'y trouver que des principes OA et le message qui nous assure du rétablissement de notre compulsion par la pratique des Douze Étapes.

Il y a une grande leçon à tirer de la Dixième Tradition qui nous recommande de nous occuper uniquement de notre message et, dans ce but, d'éviter les controverses. En bref, cela correspond à « Vivre et laisser vivre ». Nous savons que nous sommes à la fois plus heureux et plus productifs quand nous nous attachons moins à participer à des controverses qu'à essayer de faire la volonté de notre Puissance supérieure.

Mettons-nous bien en pratique la Dixième Tradition ?

Le Mouvement OA n'a pas d'opinion sur des sujets comme les programmes de perte de poids – régimes, médicaments, piqûres – ni sur ceux qui les administrent – professionnels de la santé, hôpitaux ou associations diverses - . Il ne se prononce pas non plus sur les traitements psychiatriques ou autres thérapies. Il reste aussi muet sur la consommation de sucre, les orientations alimentaires, les vitamines ou l'exercice physique. Il n'a rien à dire sur les autres fraternités. Nous savons tout cela, mais est-ce que par nos attitudes nous ne laissons pas parfois croire le contraire ?

Nous arrive-t-il de nous moquer des autres fraternités ou encore de ridiculiser ceux qui croient en d'autres thérapies que la nôtre ?

Si nous avons eu affaire à ces gens ou à ces fraternités ou que nous les avons fréquentés, pouvons-nous parler de nos rapports avec eux en toute honnêteté, mais sans mentionner les noms ? Pouvons-nous en parler sans donner l'impression que ce que nous en disons reflète la position des OA ?

Le groupe prend-il tous les moyens pour ne pas donner l'impression que le Mouvement est pour ou contre ces groupes ou ces personnes ?

Les messages entendus dans nos réunions sont-ils orientés vers la présentation du mode de vie aux nouveaux ?

Trouvons-nous les réunions plus intéressantes lorsqu'il y a de la controverse dans l'air ? Abordons-nous parfois des questions étrangères au Mouvement dans le seul but de provoquer les autres ?

Si quelqu'un aborde un sujet étranger à OA, avons-nous le courage de lui rappeler ce que dit la Dixième Tradition à ce propos ?

Est-ce que nos membres se servent de leurs contacts dans le groupe pour les engager dans diverses activités ou entreprises ?

Prêtons-nous davantage attention à nos points communs qu'à nos différences avec les autres membres ? Dans notre groupe, les gens sont-ils capables de rester des frères et des sœurs OA en dépit de leurs opinions parfois opposées ? Nos amitiés dans le Mouvement sont-elles plus importantes que le triomphe de nos opinions ?

Grâce à la Dixième Tradition, nous pouvons nous concentrer sur la façon de faire échec à notre compulsion sans devoir penser aux conflits qui semblent régner partout. C'est un changement pour nous, car, dans l'ensemble, nous aimions bien les situations conflictuelles auparavant : nous y trouvions une certaine stimulation. Personne ne peut vivre constamment en marge des controverses qui font rage autour de nous. Or, le Mouvement nous apprend à vivre et à ne pas nous laisser arrêter par les oppositions ou les contrariétés.

Pour ce qui est de la stimulation, nous trouvons tout ce qu'il nous faut chez les OA. Pensons par exemple à notre joie de voir se produire chez les nouveaux venus le miracle des Douze Étapes. Cette transformation serait impossible si nous laissions le Mouvement devenir un forum de discussions pour toutes sortes de causes externes. Nous en sommes bien conscients et c'est pourquoi nous nous montrons particulièrement vigilants lorsqu'il s'agit du respect de la Dixième Tradition.

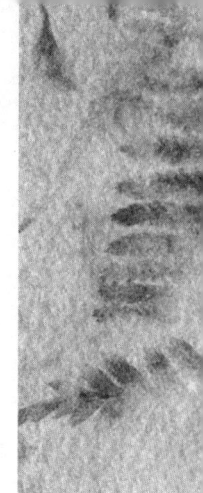

Notre politique de relations publiques est fondée sur l'attrait plutôt que sur la réclame. Nous devons toujours garder l'anonymat dans les journaux, à la radio, à la télévision, de même qu'au cinéma et dans les autres médias.

Enfin ! Les Outremangeurs Anonymes nous donnaient de l'espoir et le moyen d'échapper à la double emprise de la compulsion alimentaire et de la nourriture. Pas étonnant alors que notre enthousiasme nous ait incités à vouloir transmettre le message de rétablissement à tous les outremangeurs compulsifs de notre entourage. Après tout, faire connaître les OA à d'autres, n'est-ce pas un des aspects les plus importants des Étapes, et notre but premier ? Dans cette tâche, la Onzième Tradition nous sert de guide; il nous faut bien la comprendre avant de commencer à diffuser le message OA.

Que nous dit la Onzième Tradition ?

Premièrement, elle nous suggère de faire connaître le Mouvement plutôt que d'en faire la promotion. En d'autres termes, elle nous demande de ne donner sur les OA que des renseignements factuels. À cette fin, nous pouvons utiliser divers moyens : la presse, la télévision, la radio, l'affichage public, les services d'annonce dans les répertoires, les salons du type salon de la santé, etc. Si nous voulons que les gens entendent parler du Mouvement, nous devons manifester notre présence et leur indiquer où ils peuvent nous trouver. Cependant, nous n'essayons pas d'attirer les outremangeurs en mettant en avant les réussites de certains de nos membres, inconnus ou célèbres. Nous voulons nous faire connaître, nous ne cherchons pas à convaincre qui que ce soit.

En nous servant des médias pour nous manifester, nous attirons à nous ceux qui sont prêts à recevoir ce que nous avons à offrir. Rappelons-nous aussi que pour la plupart nous ne sommes pas venus au Mouvement dès que nous en avons entendu parler. Peut-être avions-nous bien besoin du mode de vie, à l'époque, mais nous avons mis un certain temps à nous décider, d'abord à nous rendre à une réunion et, ensuite, à commencer de mettre les Étapes en pratique. Avant que nous ne soyions tout à fait prêts, personne n'aurait pu nous faire « avaler » les principes OA. D'autres peuvent très bien se sentir comme nous nous sentions alors. C'est pourquoi la meilleure façon de transmettre le message OA, c'est de relater simplement et franchement notre propre expérience sans essayer de convaincre les autres qu'ils ont, comme nous, besoin du Mouvement pour s'en sortir. Respecter la Onzième Tradition, c'est aussi respecter le droit de chacun de décider par lui-même s'il a besoin de nous.

La politique de relations publiques des OA peut se résumer ainsi : nous mettons tout en œuvre pour faire connaître notre association et son action et pour aider les gens à nous trouver facilement. Nous ne faisons toutefois pas de promotion de type commercial comme la publication de photos de membres « avant OA » et « après OA ». De toutes façons, nous ne promettons pas de perte de poids, rapide ou autrement. Sur ce point, nous ne donnons aucune garantie. Nous n'utilisons jamais de figures connues pour recruter des membres et les attirer par les résultats obtenus par ces personnalités.

En fait, la Onzième Tradition énonce clairement que, si nous parlons dans les médias de notre expérience avec les OA, nous ne révélons jamais notre nom. Que doivent donc faire ceux qui sont interviewés pour la radio, la télévision ou les journaux ou qui publient des livres ? La Onzième Tradition leur laisse deux options : ils peuvent se déclarer mangeurs compulsifs sans faire la moindre allusion à OA. Dans ce cas, rien ne les empêche de révéler leur nom ou de laisser publier à l'écran leur image ou leur photo, puisqu'ils agissent à titre individuel et ne mêlent pas à leur témoignage le nom des OA. Nos membres peuvent également choisir de parler de leur appartenance au Mouvement. Alors, le nom de famille ne doit pas être révélé, pas plus que la personne ne doit montrer son visage puisqu'elle agit à titre de membre et non à titre individuel.

Les membres invités par la presse à relater leur expérience font parfois l'erreur de croire que tout le monde connaît le principe de l'anonymat. Or, tous les journalistes, tous les cadreurs, tous les photographes ne sont pas nécessairement au fait de cette Tradition. Dans les médias, on n'a qu'une vague idée du fonctionnement du Mouvement. C'est pourquoi il nous revient à nous d'expliquer la Onzième Tradition à nos interlocuteurs en les priant de faire en sorte qu'elle soit respectée. Si nous devons nous-même faire un article sur un sujet ou encore écrire un livre où il est question de notre appartenance au Mouvement OA, nous ne signons pas ces productions de notre nom complet.

Ce n'est pas un hasard si l'adjectif **anonyme** fait partie intégrante du nom de notre association. En protégeant notre anonymat dans nos relations extérieures, nous démontrons au monde l'importance de notre Onzième Tradition. En même temps, nous donnons aux membres éventuels la preuve qu'ils peuvent se joindre à nous sans craindre que leur appartenance au Mouvement ne soit révélée.

Certains ne veulent rien entendre. « Je n'ai rien à cacher, disent-ils, sans compter que, s'ils peuvent m'entendre et voir à la télé combien j'ai maigri, les gens pourraient être attirés. Et puis, je me moque bien qu'on sache que je suis membre OA ». On peut comprendre cette réaction-là, mais, d'un autre côté, on ne peut pas oublier qu'OA est un Mouvement spirituel. Or chaque fois que quelqu'un se donne le mandat de parler au nom des OA, il y a des conséquences spirituelles tant pour la personne en cause que pour le Mouvement. À rendre public ce qu'elle a reçu des OA, la personne n'a rien de durable à gagner sur le plan spirituel, bien au contraire. Par ailleurs, ne pas tenir compte de la Onzième Tradition, c'est prendre ses distances par rapport aux autres membres et s'investir du rôle de porte-parole. S'il est bien agréable d'être une « vedette », cela se paie par l'isolement : on n'est plus avec les autres.

Dans ces conditions, il devient difficile de demander de l'aide. Et puis, l'humilité est une des attitudes que nous devons absolument cultiver si nous voulons sortir de la compulsion alimentaire.

Garder l'anonymat dans nos relations avec les médias est une des façons de pratiquer l'humilité. C'est une manière de renoncer à notre ambition personnelle, de nous garder spirituellement en forme.

Par contre, ne pas tenir compte des recommandations de la Onzième Tradition, c'est nuire à l'esprit de solidarité du Mouvement. Or cet esprit d'entraide est essentiel à notre rétablissement. Certains avancent, non sans raison, qu'on peut faire connaître OA en sortant ainsi de l'anonymat; cependant, il faut dire que les brèches dans la Onzième Tradition entraînent inévitablement dans leur sillage de la jalousie entre membres et une atmosphère de concurrence où chacun veut être invité par les médias ou profiter d'avantages en espèces. Les écarts publics à la Tradition de l'anonymat contribuent aussi à projeter une fausse image de notre Mouvement puisque celui qui agit à l'encontre de la Onzième Tradition place les personnalités au-dessus des principes. Les gens finissent ainsi par identifier le rétablissement des membres à l'efficacité du Mouvement; de la même manière, si un outremangeur connaît une rechute, ils diront que OA ne marche pas. Nous pouvons commettre des erreurs dans nos tentatives de faire connaître notre association; la Onzième Tradition est là pour nous empêcher de nous tromper et de nuire au Mouvement.

L'insistance sur l'anonymat alliée au refus d'utiliser des gens connus pour faire notre publicité ou de recourir à toute autre méthode d'accroche ou de persuasion, distingue les OA des autres programmes d'aide aux outremangeurs. Le temps nous a enseigné que nous n'avons pas besoin de toujours nous vendre ou de vendre nos principes aux autres. À une certaine époque, nous craignions de ne pas être aimés si nous ne mettions pas en avant nos réalisations personnelles et professionnelles. Aujourd'hui, cependant, c'en est fini de cette peur; nous nous contentons de faire tranquillement la volonté de Dieu, confiants que si jamais nous avons besoin de la reconnaissance respectueuse des autres, elle nous sera donnée; mais nous devons cesser de nous y accrocher.

Posons-nous maintenant quelques questions pour voir comment nous mettons en pratique les principes de la Onzième Tradition.

Comment nous y prenons-nous pour faire connaître aux outremangeurs le lieu et l'heure des réunions de notre groupe ?

Que faisons-nous comme groupe, ou comme membre de l'Intergroupe, pour que le programme soit connu dans le public ?

Appliquons-nous les principes OA au point que notre façon de vivre et les résultats obtenus attirent d'autres outremangeurs compulsifs ?

Parlons-nous des OA avec tant de fanatisme et si souvent que notre entourage ne veut plus rien entendre à ce propos ?

Dans nos relations avec les médias comme membre OA, prenons-nous bien garde de ne pas révéler nos noms ou de nous faire voir de face ?

Dans leurs rapports avec les journalistes de la région, les membres du groupe ou de l'Intergroupe prennent-ils toujours le soin de préciser les prescriptions de la Onzième Tradition ? Sommes-nous bien clairs avec les médias sur la façon dont ils doivent respecter l'anonymat dans leurs articles ou reportages ?

Si nous constatons un écart à la Onzième Tradition, nous donnons-nous la peine de rappeler aux autres les principes de cette Tradition ?

Ce principe justement, celui de l'*attrait plutôt que la réclame* est bon pour chacun de nous et capital pour le Mouvement. C'est une façon pour le moins originale de concevoir les relations publiques, mais c'est sur cette relation essentielle que reposent tant le rétablissement individuel que l'unité et l'efficacité de notre association. À la base de la Onzième Tradition se trouvent notre confiance en l'efficacité du mode de vie et notre foi en cette force plus grande que nous qui guide vers nous les outremangeurs désespérés. Notre rôle se résume à décrire le Mouvement aux nouveaux et à leur en expliquer les principes. Pour le reste, nous pouvons nous en remettre à notre Puissance supérieure et compter que notre merveilleux mode de vie amènera chez nous ceux qui ont besoin du Mouvement.

Respectons l'anonymat pour qu'OA demeure un Mouvement spirituel, en mesure de contribuer au rétablissement de tous ses membres.

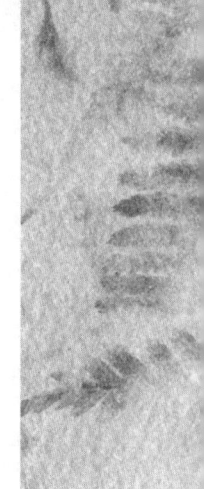

L'anonymat est la base spirituelle de toutes nos Traditions et nous rappelle sans cesse de placer les principes au-dessus des personnalités.

Nous nous rendons vite compte que vivre conformément aux Douze Traditions nous oblige à adopter des attitudes qui nous étaient auparavant étrangères. Par exemple, nous faisons passer le bien-être commun avant nos goûts personnels. Nous devons également renoncer à imposer notre loi à notre entourage. Désormais, dans les réunions OA, nous allons accueillir chaleureusement tous ceux qui veulent arrêter de manger compulsivement sans tenir compte de ce que nous pouvons penser de ces personnes à d'autres égards. En appliquant les Traditions, nous acceptons de ne plus compter sur les structures et les autorités en place; nous devenons responsables. Nous ne cherchons plus à grimper dans l'échelle OA. D'ailleurs, l'échelle sociale, cela n'existe pas dans le Mouvement. Au sein de la fraternité OA, nous ne faisons plus la promotion d'entreprises ou de causes extérieures. Chacun fait sa juste part, sans compter sur les autres, pour aider les OA pécuniairement. Nous ne cherchons pas à devenir des professionnels OA. Enfin, nous n'espérons pas tirer de notoriété de notre rétablissement ou de notre action au sein de la fraternité.

Ces attitudes qui, toutes, portent la marque de l'oubli de soi reposent sur un principe spirituel si important pour nous qu'il a inspiré le nom de notre association. C'est l'anonymat. Nous savons bien qu'aucune construction ne pourrait tenir debout sans fondations. Notre base à nous, c'est l'anonymat, et, si nous voulons guérir et survivre, il est essentiel que chacun d'entre nous comprenne ce principe et le respecte.

Pour les membres OA, l'anonymat commence à la première réunion. N'est-ce pas le désir de presque tous les nouveaux membres de garder secrètes autant leur visite chez les OA que la pauvre opinion qu'ils ont d'eux-mêmes ? Rappelons-nous que, pour nous, la salle de réunion devrait être un endroit sûr, où nous pouvons parler de nos émotions et de nos expériences avec d'autres humains atteints de la même maladie. Si tout le monde respecte bien l'anonymat, chacun est nécessairement assuré que son appartenance au Mouvement ne sera connue de personne à l'extérieur, à moins qu'il n'en parle lui-même. Notre mode de vie faisant passer les principes avant les personnalités, il nous protège et protège nos confidences contre le jugement et les indiscrétions. Le respect de l'anonymat va toutefois bien au-delà de la simple discrétion. En fait, notre rétablissement dépend de la mesure où nous comprenons l'anonymat comme principe spirituel favorisant notre cheminement.

Pour la plupart, nous sommes arrivés au Mouvement à la fois trop et pas assez fiers de nous. Nous avions honte de notre impuissance devant notre façon de manger, mais en même temps nous étions trop orgueilleux pour reconnaître nos besoins : il nous fallait de l'aide pour apprendre à manger, et à vivre. Nous avons vu que pour nous en sortir, il fallait laisser de côté notre orgueil comme notre honte, sinon, nous ne pourrions jamais aller vers les autres pour obtenir du secours. Mais plus nous avons compris et appliqué le principe de l'anonymat, plus il nous a été facile de renoncer à la honte et à la vanité excessives.

Pour un membre OA, être anonyme, c'est être un parmi les autres, s'accepter comme il est, ni meilleur, ni pire que les autres. Cette attitude nous place dans une position d'humilité qui nous permet d'apprendre. Voilà que nous écoutons attentivement des gens dont nous ne connaissons même pas le nom de famille. Souvent, ces personnes sont issues de milieux complètement différents du nôtre, elles sont plus jeunes que nous ou ont moins bien réussi sur le plan socio-économique. Et, pourtant, nous nous reconnaissons en elles. Nous savons désormais que la clé de notre rétablissement se trouve peut-être dans leurs paroles.

La plupart du temps, nous ne nous connaissons que par nos prénoms. Non pas que nous cherchions à dissocier nos noms du Mouvement parce que nous avons honte d'en faire partie, mais, parce qu'au sein de notre fraternité, les noms de famille n'ont aucune importance. On compte parmi les OA des célébrités, des gens qui ont réalisé des exploits, d'autres qui ont beaucoup d'argent. Illustres ou inconnus, riches ou pauvres, en respectant la Tradition de l'anonymat, nous montrons au monde quelque chose de très important : au sein de notre groupe, nous sommes tous égaux, tous pareils, tous battus par la même maladie et par la nourriture mais, aussi, tous en train de nous remettre sur pied grâce à notre mode de vie miraculeux. L'argent, l'intelligence, la reconnaissance publique, les titres n'ont rien à voir avec notre maladie; ils n'ont rien à voir non plus avec nos chances de rétablissement.

Ne confondons pas anonymat et secret. Donner son nom de famille pour faciliter le fonctionnement d'un groupe ou celui d'un Intergroupe, ce n'est pas enfreindre l'anonymat. Nous savons bien que d'avoir le nom complet d'un membre simplifie les choses lorsqu'il s'agit de le contacter, dans le contexte des services ou même pour lui offrir de l'aide, en cas de besoin. Par tous les moyens, nous évitons de parler des autres. Cependant, si nous savons que quelqu'un a besoin de secours, nous pouvons très bien suggérer à d'autres membres de s'en occuper. La seule précaution à prendre est de ne pas faire allusion à des détails qui identifieraient cette personne. Par exemple, nous pouvons très bien dire à un membre : « J'ai l'impression que Pierre ne va pas très bien ces temps-ci. L'appellerais-tu ? » Ce n'est pas violer l'anonymat, c'est faire une Douzième Étape.

Rappelons-nous que, d'une part, franchir le seuil d'un local OA ne signifie pas pour tout le monde perdre immédiatement la mauvaise habitude de la médisance et que, d'autre part, il peut toujours y avoir des nouveaux dans une salle. Et les nouveaux ne connaissent pas nos Traditions. C'est pourquoi il vaut peut-être mieux nous en tenir à des généralités dans nos témoignages publics, et garder les détails personnels et intimes de notre vie pour notre parrain, notre marraine ou d'autres confidents OA. Ceux qui sont déjà avancés sur le chemin des Étapes et qui ont accueilli des membres en Cinquième Étape sont bien placés pour nous parler du caractère sacré des confidences reçues, et de l'importance de l'anonymat. En pratiquant l'anonymat, nous apprenons la signification de l'acceptation inconditionnelle et de la confiance aux autres. C'est ainsi que, souvent, nous avons découvert une façon d'entrer en contact avec les autres qui nous était tout à fait inconnue auparavant.

Pratiquer la Douzième Tradition signifie aussi qu'absolument aucun individu ni groupe de personnes n'a droit à une reconnaissance particulière dans le Mouvement. Par exemple, nos responsables n'occupent pas de postes de prestige. Au contraire, on dit à leur propos que ce sont simplement *des serviteurs de confiance*. Parce que nous sommes anonymes, les jeunes et les nouveaux se mêlent facilement aux « vieux membres ». L'anonymat veut encore dire que nous n'attirons pas l'attention sur une personne en particulier lorsque nous marquons un anniversaire d'abstinence. Une abstinence prolongée ou une perte de poids ne confèrent aucun honneur. À nos yeux, l'anniversaire d'un membre ne marque pas le succès de cette personne, mais nous donne l'occasion de fêter la réussite d'une outre-mangeuse ou d'un outremangeur. Celui ou celle qui ne mange plus compulsivement ne compte pas davantage à nos yeux que le membre en pleine rechute.

Ce n'est pas non plus parce que quelqu'un est invité à transmettre le message devant une assistance nombreuse qu'il devient différent des autres outremangeurs du Mouvement. D'ailleurs, une fois terminée l'intervention d'un conférencier, celui-ci retourne dans la salle où il redevient un membre comme les autres. C'est à son tour d'écouter. Comme tout le monde, il veut profiter au maximum de ce qui se dit, car, pas plus que les autres, il ne sait qui sa Puissance Supérieure choisira pour lui envoyer Ses lumières.

Les OA nous font aussi voir que notre rétablissement tient à la mise en pratique des principes du Mouvement plus qu'aux types de personnes que nous rencontrons. L'expérience nous montre aussi que si nous mettons l'accent sur les principes plutôt que sur les personnalités, nous grandissons au contact des personnes dont le genre nous déplaît et que nous arrivons même à travailler harmonieusement avec elles. D'ailleurs, bien des membres n'ont-ils pas entendu les paroles qui les ont sauvés, de la bouche de personnes qu'ils détestaient cordialement ?

Qui, après avoir mis un autre outremangeur sur un piédestal, n'a pas vu celui-ci tomber de haut un jour ? En effet, les membres essaient parfois de pratiquer le mode de vie sur le modèle d'une personne qu'ils admirent, comme leur marraine ou le conférencier qu'ils viennent d'entendre. Inévitablement, ceux qui l'ont fait ont été déçus par leur modèle et à un moment ou à un autre, ont cru leur rétablissement compromis.

Ils ont ainsi eu l'occasion de comprendre combien il importe de faire passer les principes OA avant les individus. Des années de mise de pratique de ces principes nous ont prouvé combien ils sont sûrs et efficaces. Ils représentent les fondements inébranlables sur lesquels nous pouvons édifier une vie riche.

Avec le temps, le Mouvement a pu lui aussi mesurer l'importance de faire passer les principes avant les personnalités; cela s'est vérifié notamment au moment d'organiser des manifestations comme les congrès. Par exemple, les Intergroupes avaient autrefois l'habitude d'inviter des gens connus pour prendre la parole dans leurs grandes réunions; il pouvait s'agir de conférenciers de renom, d'auteurs populaires ou de spécialistes des troubles alimentaires. Les Intergroupes affichaient les noms de leurs invités pour faire venir les gens à leurs réunions spéciales. Ils attiraient parfois des centaines d'outremangeurs souffrants qui voulaient entendre ou voir la « vedette ». Les effets positifs de ce succès étaient toutefois de courte durée et, bientôt, nous étions aux prises avec les retombées négatives. Il faut dire que certains des conférenciers songeaient davantage à leur promotion personnelle qu'à faire connaître le mode de vie. Certains profitaient même de l'occasion pour annoncer leurs livres ou faire la publicité de leur propre méthode. Des membres désespérés ont mis toute leur confiance en ces vedettes et négligé le mode de vie OA. Or, dans un cas, on nous a même rapporté des actes de violence physique. La tâche des Intergroupes était compliquée. En effet, comme certains s'étaient servis de membres connus pour attirer les gens, il leur était désormais difficile de faire respecter l'anonymat.

Le Mouvement a été aux prises avec des problèmes de ce genre pendant des années avant de voter une résolution au Congrès mondial de 1990. Il a alors été décidé que *les Intergroupes, les Régions, les comités et même les membres comme individus devaient ne jamais mentionner les noms ou les titres des conférenciers ou animateurs dans nos publications (ex. : bulletins, journaux, dépliants, invitations).*

L'anonymat nous offre une façon de pratiquer l'humilité et met un frein à l'orgueil débridé qui nous a autrefois fait manger compulsivement. En fait, si nous respectons les Traditions, nous ne nous plaçons jamais au-dessus de qui que ce soit dans le Mouvement pas plus que nous ne donnons à personne d'autre un rang supérieur. Dans ces conditions, nous pouvons nous sentir un simple membre du groupe, comme les autres. D'ailleurs pour sortir de notre isolement, il est essentiel que nous nous intégrions au groupe. C'est à cette condition que nous pourrons aider les autres membres et être aidés par eux. C'est aussi de cette manière que nous pourrons partager nos difficultés et nos joies avec nos frères et sœurs OA. Comme nous nous en sommes rendu compte dans d'autres groupes ou dans d'autres circonstances, cette atmosphère d'entraide et ce climat de confiance ne peuvent exister là où chacun essaie de faire sa marque.

En fait, c'est pour lui-même que chacun essaie de

pratiquer l'humilité prônée par la Douzième Tradition. Plus nous avançons sur le plan spirituel, moins le prestige nous intéresse, que ce soit à l'intérieur ou à l'extérieur du Mouvement. D'ailleurs, nous sommes comblés par le fait d'aller mieux de jour en jour, de fonctionner normalement et de pouvoir être utiles aux autres. Et nous savons que nous n'y sommes pas arrivés tout seuls, mais que nous avons réussi grâce à notre Puissance supérieure et grâce aux membres OA qui nous ont écoutés et nous ont appris tellement de choses ! Dorénavant, nous assumons la responsabilité de nos actes. En cas de problèmes, nous nous concentrons sur nos propres erreurs, sans faire l'inventaire des torts des autres.

Examinons maintenant nos attitudes et voyons si nous plaçons vraiment les principes au-dessus des personnalités.

Les nouveaux dans notre groupe sont-ils informés, dès leur arrivée, de l'importance de l'anonymat ?

Prenons-nous bien garde de ne pas laisser échapper les noms complets de nos membres, même dans le Mouvement ?

Nous arrive-t-il de révéler des aspects de la vie d'un autre membre dont nous avons entendu parler dans une réunion ou qui nous auraient été confiés?

Mettons-nous tous les membres sur le même pied ? Avons-nous des gourous ou des vedettes dans notre groupe ?

La conscience du groupe a-t-elle l'appui et la confiance des membres ? Est-ce que nous ne serions pas portés à toujours tout laisser entre les mains des mêmes personnes ?

Nous chargeons-nous de rappeler aux autres les principes OA, même au risque de déplaire ?

Se pourrait-il que nous confondions parfois nos opinions personnelles et les principes OA ?

Les membres sont-ils parfois tentés de profiter de la notoriété des OA comme d'un tremplin pour leur prestige personnel ?

L'anonymat est-il pour nous un des outils importants dans la réalisation de notre but premier ? Les membres consentent-ils à donner leur nom ou d'autres renseignements permettant de les joindre si une Douzième Étape l'exige ?

Quelle est l'importance réelle de chacun au sein du Mouvement ?

Plus nous avançons dans le mode de vie, plus nous comprenons comment l'anonymat est une de nos valeurs les plus précieuses.

Nous voyons comment les Traditions tout comme notre nouvelle vie reposent sur ce principe spirituel.

Nous sommes des outremangeurs compulsifs libérés des chaînes de la nourriture et nous allons de mieux en mieux. Nous savons que toute notre vie nous pourrons compter sur l'aide du Mouvement si, tous, nous plaçons les principes OA avant les personnalités. C'est vital. Agir ainsi, c'est respecter les Traditions qui assurent la survie du Mouvement et qui nous lient les uns aux autres au sein de notre fraternité, Outremangeurs Anonymes.

Les Outremangeurs Anonymes expriment leur plus profonde gratitude aux Alcooliques Anonymes sans qui le Mouvement OA et son programme de rétablissement n'existeraient pas. Les Étapes OA sont une adaptation des Étapes AA. Cette adaptation a été autorisée par Alcooliques Anonymes, qui n'en n'ont pas pour autant approuvé la rédaction. De la même façon, les AA n'ont ni revu ni approuvé la présente publication. Les Alcooliques Anonymes se prononcent uniquement sur les questions concernant les alcooliques et leur rétablissement. Le fait que d'autres Mouvements fondent le rétablissement de leurs membres sur les Étapes AA n'engage en rien les Alcooliques Anonymes.

Les Douze Étapes des AA :

1. Nous avons admis que nous étions impuissants devant l'alcool – que nous avions perdu la maîtrise de notre vie.

2. Nous en sommes venus à croire qu'une Puissance supérieure à nous-mêmes pouvait nous rendre la raison.

3. Nous avons décidé de confier notre volonté et notre vie aux soins de Dieu *tel que nous Le concevions*.

4. Nous avons procédé sans crainte à un inventaire moral, approfondi de nous-mêmes.

5. Nous avons avoué à Dieu, à nous-mêmes et à un autre être humain la nature exacte de nos torts.

6. Nous étions tout à fait prêts à ce que Dieu élimine tous ces défauts.

7. Nous Lui avons humblement demandé de faire disparaître nos défauts.

8. Nous avons dressé une liste de toutes les personnes que nous avions lésées et nous avons consenti à réparer nos torts envers chacune d'elles.

9. Nous avons réparé nos torts directement envers ces personnes dans la mesure du possible, sauf lorsqu'en ce faisant, nous risquions de leur nuire ou de nuire à d'autres.

10. Nous avons poursuivi notre inventaire personnel et promptement admis nos torts dès que nous nous en sommes aperçus.

11. Nous avons cherché par la prière et la méditation à améliorer notre contact conscient avec Dieu, *tel que nous Le concevions*, Lui demandant seulement de connaître Sa volonté à notre égard et de nous donner la force de l'exécuter.

12. Ayant connu un réveil spirituel comme résultat de ces étapes, nous avons alors essayé de transmettre ce message à d'autres alcooliques et de mettre en pratique ces principes dans tous les domaines de notre vie.

Les Douze Traditions des AA :

1. Notre bien-être commun devrait venir en premier lieu; le rétablissement personnel dépend de l'unité des AA.

2. Dans la poursuite de notre objectif commun, il n'existe qu'une seule autorité ultime : un Dieu d'amour tel q'Il peut se manifester dans notre conscience de groupe. Nos chefs ne sont que des serviteurs de confiance ; ils ne gouvernent pas.

3. Le désir d'arrêter de boire est la seule condition pour être membre des AA

4. Chaque groupe devrait être autonome, sauf sur les questions qui touchent d'autres groupes ou l'ensemble du Mouvement.

5. Chaque groupe n'a qu'un objectif primordial : transmettre son message à l'alcoolique qui souffre encore.

6. Un groupe ne devrait jamais endosser ou financer d'autres organismes, qu'ils soient apparentés ou étrangers aux AA, ni leur prêter le nom des Alcooliques anonymes, de peur que des soucis d'argent, de propriété ou de prestige ne nous distraient de notre objectif premier.

7. Tous les groupes devraient subvenir entièrement à leurs besoins et refuser les contributions de l'extérieur.

8. Le Mouvement des Alcooliques anonymes devrait toujours demeurer non professionnel, mais nos centres de service peuvent engager des employés qualifiés.

9. Comme Mouvement, les Alcooliques anonymes ne

9. Comme Mouvement, les Alcooliques anonymes ne devraient jamais avoir de structures formelles, mais nous pouvons constituer des conseils ou des comités de service directement responsables envers ceux qu'ils servent.

10. Le Mouvement des Alcooliques anonymes n'exprime aucune opinion sur des sujets étrangers; le nom des AA ne devrait donc jamais être mêlé à des controverses publiques.

11. La politique de nos relations publiques est basée sur l'attrait plutôt que sur la réclame; nous devons toujours garder l'anonymat personnel dans la presse écrite ou parlée de même qu'au cinéma.

12. L'anonymat est la base spirituelle de toutes nos Traditions et nous rappelle sans cesse de placer les principes au-dessus des personnalités.

Les Douze Étapes des OA

1. Nous avons admis que nous étions impuissants devant la nourriture, que nous avions perdu la maîtrise de notre vie.

2. Nous en sommes venus à croire qu'une Puissance supérieure à nous-mêmes pouvait nous rendre la raison.

3. Nous avons décidé de confier notre volonté et notre vie aux soins de Dieu *tel que nous Le concevions*.

4. Nous avons procédé sans crainte à un inventaire moral, approfondi de nous-mêmes.

5. Nous avons avoué à Dieu, à nous-mêmes et à un autre être humain la nature exacte de nos torts.

6. Nous étions tout à fait prêts à ce que Dieu élimine tous ces défauts.

7. Nous Lui avons humblement demandé de faire disparaître nos défauts.

8. Nous avons dressé une liste de toutes les personnes que nous avions lésées et nous avons consenti à réparer nos torts envers chacune d'elles.

9. Nous avons réparé nos torts directement envers ces personnes dans la mesure du possible, sauf lorsqu'en ce faisant, nous risquions de leur nuire ou de nuire à d'autres.

10. Nous avons poursuivi notre inventaire personnel et promptement admis nos torts dès que nous nous en sommes aperçus.

11. Nous avons cherché par la prière et la méditation à améliorer notre contact conscient avec Dieu, *tel que nous Le concevions*, Lui demandant seulement de connaître Sa volonté à notre égard et de nous donner la force de l'exécuter.

12. Ayant connu un réveil spirituel comme résultat de ces Étapes, nous avons alors essayé de transmettre ce message à d'autres outremangeurs compulsifs et de mettre en pratique ces principes dans tous les domaines de notre vie.

Les douze traditions des OA

1. Notre bien-être commun devrait venir en premier lieu; le rétablissement personnel dépend de l'unité des OA..

2. Pour le bénéfice de notre groupe, il n'existe qu'une seule autorité ultime: un Dieu d'amour tel qu'Il peut se manifester dans notre conscience de groupe. Nos chefs ne sont que des serviteurs deconfiance; ils ne gouvernent pas.

3. La seule condition requise pour être membre des OA est le désir d'arrêter de manger compulsivement.

4. Chaque groupe devrait être autonome, sauf pour des questions concernant d'autres groupes ou l'ensemble du Mouvement.

5. Chaque groupe n'a qu'un but primordial: transmettre son message aux outremangeurs compulsifs qui souffrent encore.

6. Un groupe OA ne doit jamais endosser ou financer un organisme apparenté ou étranger ni lui prêter le nom de OA, de peur que des soucis d'argent, de propriété ou de prestige ne nous distraient de notre objectif premier.

7. Tous les groupe OA doivent subvenir entièrement à ses besoins et refuser les contributions de l'extérieur

8. Outremangeurs Anonymes devrait toujours demeurer un mouvement non professionnel, mais nos centres de services peuvent engager des travailleurs spécialisés.

9. Comme mouvement, Outremangeurs Anonymes ne devrait jamais avoir de structure formelle; mais il peut constituer des conseils de services ou des comités directement responsables envers ceux qu'ils servent.

10. Le mouvement des Outremangeurs Anonymes n'exprime aucune opinion sur des sujets étrangers; le nom des OA ne devrait donc jamais être mêlé a des controverses publiques.

11. Notre politique de relations publiques est fondée sur l'attrait plutôt que sur la réclame. Nous devons toujours garder l'anonymat dans les journaux, à la radio, à la télévision, de même qu'au cinéma et dans les autres médias.

12. L'anonymat est la base spirituelle de toutes nos Traditions et nous rappelle sans cessse de placer les principes au-dessus des personnalités.

Pour obtenir de plus amples renseignements sur les Outremangeurs Anonymes ou pour recevoir un exemplaire de la liste des publications, veuillez téléphoner ou écrire à :

INTERGROUPE OA FRANÇAIS DE MONTRÉAL
(Québec) CANADA
1-877-509-1939
www.outremangeurs.org
ou
Overeaters Anonymous, Inc.
World Service Office
P.O. Box 44020
Rio Rancho, NM
87174-4020 USA
www.oa.org